스웨덴
SWEDEN

닐 시플리 지음 · 정혜영 옮김

세계의 **풍습과 문화**가 궁금한
이들을 위한 **필수 안내서**

세계 문화
여행

스웨덴

S W E D E N

시그마북스
Sigma Books

세계 문화 여행 _ 스웨덴

발행일 2022년 2월 10일 초판 1쇄 발행
지은이 닐 시플리
옮긴이 정혜영
발행인 강학경
발행처 시그마북스
마케팅 정제용
에디터 최연정, 최윤정
디자인 강경희, 김문배

등록번호 제10-965호
주소 서울특별시 영등포구 양평로 22길 21 선유도코오롱디지털타워 A402호
전자우편 sigmabooks@spress.co.kr
홈페이지 http://www.sigmabooks.co.kr
전화 (02) 2062-5288~9
팩시밀리 (02) 323-4197
ISBN 979-11-91307-99-3 (04900)
ISBN 978-89-8445-911-3 (세트)

CULTURE SMART! SWEDEN

Unsplash: pages 14 by Axel Holen; 46 by Linus Mimietz; 104 by Mikael Stenberg; 120 by Nazrin B-va; 206 by Samuel-Elias Nadler.
Reproduced under Creative Commons Attribution-Share Alike 4.0 International license: page 35 © Hajotthu; 108 © Rolandhino1.
Shutterstock.com: pages 16 by Almazoff; 17 by Umomos; 18, 19 by Amy Johansson; 22 by Pavel Larsson; 40 by Mistervlad; 41 by Matyas Rehak; 50 by Michael715; 64 by Stefan Holm; 68 by Simon Svane Als; 71 by Tomas Lissaker; 78 by Sussi Hj; 83 by mbieganski; 84 by Fotos593; 85 by Kuznetsova Julia; 87 by Rolf_52; 88 by Piotr Wawrzyniuk; 100 by Top Photo Corporation; 107 by Talita Rocha; 112 by Maridav; 123 by Digital Storm; 127 by almgren; 128 by lucasinacio.com; 134 by SeventyFour; 137 by Iryna Inshyna; 140 by everst; 142 by Imfoto; 143 by Photosbypatrik; 146 by Tsuguliev; 148 by Mikael Damkier; 149 by a40757; 152 by Antony McAulay; 153 by RPBaiao; 154 by Mikhail Markovskiy; 156 by Pawel Szczepanski; 160(top left) by artem evdokimov; 160(top right) by Tatiana Bralnina; 160(bottom right) by Gala Oleksenko; 160(bottom left) by Linus Strandholm; 166 by wernermuellerschell; 170 by Barnabas Davoti; 171 by Grisha Bruev; 182 by Rob's Outdoor Pictures; 183 by Tsuguliev; 190 by Tommy Alven; 191 by Sergio Delle Vedove; 194 by Pavel Larsson; 196 by badahos; 197 by Henk Vrieselaar; 200 by O.C Ritz; 214 by GaudiLab; 230 by Naumova Ekaterina; 232 by Nils-Hubert.

스웨덴 전도

케브네카이제산
유카스야르비
키루나
북극권
요크모크
노르웨이해
하라즈/하라스
러시아
핀란드
보스니아만
우메오
오레
외스테르순드
노르웨이
살렌
레트비크
말룽
살라
신스카테베리
웁살라
베스테로스
핀란드만
외레브로
스톡홀름
에스토니아
베네른호수
타눔
고타운하
바스테나
발트해
베테른호수
린셰핑
예테보리(고텐버그)
비스뷔
고틀란드섬
라트비아
덴마크
헬싱보리
칼마르
룬드
올란드섬
말뫼
칼스크로나
트렐레보리
위스타드
리투아니아

차 례

06　여가생활

07　여행 이모저모

08　비즈니스 현황

09　의사소통

이 책의 시리즈는 대부분의 다른 여행책들이 끝나는 시점에서 이야기를 시작한다. 이 책은 장소가 아닌 사람이 중요하다고 역설한다. 호텔, 관광, 교통 정보 외에도 궁금한 것이 많은 여행객들을 위한 여행 가이드로, 스웨덴 사람들의 가치관과 태도를 기반으로 그 국가의 인간적인 면에 대한 통찰을 제공한다.

스웨덴은 여러 면에서 가슴 저미도록 아름다운 군도, 삼림, 산, 호수, 해안으로 이루어진 훼손되지 않은 낙원이다. 놀랄 정도로 다채로운 시골 지역은 그 지역 사람들이 그렇듯 서로 다름이 한데 어울려 화려하다.

시간적 여유를 가지고 스웨덴을 여행할 때, 스웨덴 생활 방식의 근간을 이루는 신념들에 대한 배경지식이 있다면, 더 뜻깊은 여행을 할 수 있을 것이다. 이 책은 여행객들이 처음 스웨덴 사람들에 대해 알아가는 단계를 넘어서, 그들이 중요시하는 것이 무엇인지 그리고 그들이 왜 그렇게 행동하는지에 대해 깊이 이해할 수 있도록 돕는다. 해당 여행 가이드는 스웨덴의 지형과 역사가 국가 성격을 형성한다고 생각한다. 깊이 뿌리내린 스웨덴 사람들의 가치관 및 태도, 스웨덴 사업의 전반적인 개요 등의 스웨덴 고유의 업무 방식을 이해해야 하는 사람들에게 꼭 필요한 중요한 정보를 담고 있다.

스웨덴 사람들을 사귈 때 그들의 집을 방문해보면 스웨덴 현지인의 관점을 이해하고, 그들이 손님들에게 무엇을 가장 우선적으로 평가하는지에 대해 파악하게 될 것이다. 해당 여행 가이드는 스웨덴 사람들의 삶의 근간을 이루는 풍습과 전통에 대한 자세한 설명과 어디서 어떻게 스웨덴 사람들과 만나 소통할 수 있는지에 대한 정보를 제공함으로써, 독자들을 '진짜' 스웨덴으로 안내하는 필수 가이드 역할을 한다.

스웨덴은 평등, 독립, 자기표현, 존경이라는 신념을 기반으로 하는 사회다. 매우 권리 중심적이며, 국민들의 삶의 터전을 안전하게 유지하려는 확고한 의지가 있다. 스웨덴 사람들은 기본 의료 서비스, 교육, 사회 복지 혜택을 국민 모두에게 제공하는, 자신들이 세워낸 평등 사회의 여러 면을 자랑스러워할 만하다고 생각한다.

역사적으로 루터교에 대한 믿음이 강하지만, 오늘날 스웨덴 사람들은 비종교적이고 논리적인 관점으로 인생에서 중요한 결정들을 내리는 대체로 세속적인 사람들이다. 하지만 그들이 종교적이지 않다는 의미는 아니다. 스웨덴 사람들은 숲, 호수, 산속 등 자연환경에서 정신적 충만함을 느낀다. 다수의 스웨덴 사람들에게는 자연을 숭배하는 것이 일종의 종교다.

『세계 문화 여행_스웨덴』은 독자들이 여행객으로서 마주하게 될 새로운 사회적 및 직업적 상황들을 헤쳐나가는 데 필요한 문화적 로드맵을 제공한다. 해당 가이드는 독자들이 스웨덴에 거주하며 일하는, 상냥하고 편견 없는 사람들과 좋은 비즈니스 관계를 형성하고 변치 않는 우정을 쌓을 수 있도록 도움을 제공하는 것을 목표로 한다.

좋은 여행이 되길 바란다!

공식 명칭	스웨덴 왕국(스웨덴어로 '코눙아리케트 스베리예')	
수도	스톡홀름	수도권 인구 221만 명
주요 도시	예테보리, 말뫼, 웁살라, 베스테로스, 외레브로, 린셰핑	
면적	52만 8,447km²(대한민국의 약 4.45배): 삼림 지대 63%, 호수 및 강 9%, 농경 지대 7%, 수상 가옥 3%, 습지대 8%, 산악 및 암벽 지대 3%, 기타 7%	
기후	대체로 온화하지만 지역마다 다르다.	
통화	스웨덴 크로나(영어로 단수는 krona, 복수는 kronor로 표기, 왕관을 의미) 2020년 기준 1달러=8.68크로나, 1유로=10.27크로나, 1파운드=11.35크로나, 1크로나=137.50원. 스웨덴은 유로존에 포함되지 않는다.	
인구	2020년 기준 1,040만 명이다. 남녀 비율은 1:1에 가깝다.	평균 수명은 남성 81세, 여성 85세이다.
민족 구성	75% 정도가 스웨덴 국적이며 25% 정도가 해외 국적을 가지고 있다(최다 빈도 국가는 핀란드, 이라크, 시리아, 이란, 소말리아, 보스니아).	'해외 국적'은 스웨덴 외 지역 출신 부모 밑에서 태어난 것을 말한다(본인이 스웨덴 태생이어도 해당된다). 사미족(라플란드인)이 스웨덴 토착민이다(인구는 대략 2만 명이다).
가족 구성	30%가 기혼 가정이며, 평균 한 가정당 자녀 1.7명이다.	
언어	스웨덴어가 공용어다. 공식 소수 언어: 핀란드어, 사미족어, 로마니어, 이디시어, 메앤키엘리(토르네달 지역 언어)이며, 성인 전체 및 아동 대다수는 유창한 영어를 구사한다.	
종교	종교와 정부는 분리되어 있다. 80% 정도가 불신론자이거나 불가지론자이다. 주요 종교는 기독교, 그중에서도 스웨덴 루터교이다. 다른 교파로는 펜테코스트파, 가톨릭, 독립 교회들이 있다. 두 번째로 신도가 많은 종교는 이슬람교이다. 다른 종교로는 동방 정교회, 유대교, 불교, 힌두교 등이 있다.	

정부	입헌군주제, 의회 민주주의, 군주는 정치적 권력을 가지고 있지 않다.	의회(릭스다그) 의원은 349명이며 4년마다 선출된다. 2020년 의원 남녀 비율은 1:1에 가깝다.
미디어	스웨덴 국영 방송사는 SVT1, SVT2 두 개의 공영 방송, 라디오 스웨덴과 스트리밍 사이트 SVT 플레이를 운영한다. 최대 규모의 민영 방송사는 TV4인데, TV4 플레이에서도 실시간 재생된다. 스트리밍 사이트로 인해 텔레비전 방송을 선호하지 않는 추세다.	
언론	주요 신문 및 디지털 신문은 「다겐스 뉘헤테르」, 「스벤스카 다그블라데트」이다. 지역 신문으로는 「예테보리 포스텐」, 「스벤스카 다그블라데트」 등이 있다. 「엑스프레센」, 「아프톤블라데트」 등의 타블로이드 신문은 지면 및 디지털 형태로 발간된다. 62% 정도가 디지털 형태로 신문을 읽는다. 하지만 지면 및 디지털 형태 등 전체 신문 매출은 감소하고 있다.	
소셜미디어	스웨덴 인구 80%가 페이스북, 70%가 인스타그램을 사용한다. 유튜브, 스냅챗, 트위터도 사용한다.	82%는 넷플릭스, HBO, 아마존 프라임, ViaSat, C-More 등 스트리밍 사이트를 사용한다.
전압	220볼트, 50헤르츠	플러그 구멍은 2개다. 유럽 외 지역의 여행객들은 어댑터가 필요하다.
인터넷 도메인	.se	
전화	스웨덴 국가 번호는 46이다. 국내 전화는 '0+지역번호+전화번호'를 누르면 연결된다.	왓츠앱, 페이스타임, 스카이프, 메신저 등이 널리 쓰인다.
시간	그리니치 평균시(UTC)	한국보다 8시간 늦음

01

영토와 국민

스웨덴은 유럽 최북단에 위치하며 인구분포도가 낮을지언정 큰 영향력을 행사해온 국가다.
바이킹을 시작으로 상인, 관광객, 기업가에 이르기까지 스웨덴 사람들은 언제나 국경 너머
세계로 모험을 떠나고 싶어 했다. 오늘날 스웨덴은 국제 사회에서 큰 영향력을 행사하는 국
가이지만, 200년 전만 해도 발트해를 중심으로 주변국들을 정복하고 지배하는 국가였다.

스웨덴 하면 무엇이 떠오르는가? 아바, 자라 라슨, 로빈, 록시트 같은 가수 혹은 즐라탄 이브라히모비치, 비외른 보리, 헨릭 스텐손 같은 운동선수? 약탈 대상을 찾아다니는 바이킹, 스웨덴 전통 식사 스뫼르고스보르드, 앱솔루트 보드카, 스웨디시 마사지, 또는 이케아, 볼보, 에이치엔앰 등 전 세계적으로 유명한 브랜드들을 떠올릴 수도 있겠다. 그것도 아니라면 울창한 숲과 꽁꽁 얼어붙은 호수, 바위투성이 해안 지대, 상쾌한 공기를 마실 수 있는 눈 덮인 산의 경치가 떠오르는가?

스웨덴 하면 떠오르는 다양한 연상어들이 그 국가를 제대로 압축해서 보여주고 있다. 스웨덴은 유럽 최북단에 위치하며 인구분포도가 낮을지언정 큰 영향력을 행사해 온 국가다. 바이킹을 시작으로 상인, 관광객, 기업가에 이르기까지 스웨덴 사람들은 언제나 국경 너머 세계로 모험을 떠나고 싶어 했다. 오늘날 스웨덴은 국제 사회에서 큰 영향력을 행사하는 국가이지만, 200년 전만 해도 발트해를 중심으로 주변국들을 정복하고 지배하는 것에만 관심이 있었다.

케브네카이세산 정상에서 찍은 항공 샷

지형

스웨덴 영토는 길고 폭이 좁은 모양으로 스칸디나비아반도 중심에 위치하고, 서쪽으로는 노르웨이 그리고 동쪽으로는 핀란드와 국경을 맞대고 있다. 북쪽에는 산악지대가 장관을 이루고 있으며, 스웨덴에서 가장 높은 케브네카이세산이 북극권 북쪽 150km 지점 해발 2,097m 높이에 서 있다. 남쪽 봉우리는 원래 더 높았는데, 지난 50년 동안 봉우리 끝 빙하가 녹으면서 24m가량 낮아졌다. 남쪽에 길게 뻗어 장관을 이루는 외레순 다리는 덴마크, 그리고 유럽 대륙으로 통한다. 노르딕 누

아르 시리즈 「더 브리지」의 팬이라면 스웨덴과 덴마크 중간 지점에서 사체가 처참한 모습으로 발견된 장소로 이곳을 알아볼 수 있을 것이다.

스웨덴 최남단은 탁 트이고 경사가 완만한 시골 지역, 그리고 길게 뻗은 모래사장이 특징이다. 대부분 지역에 소나무, 가문비나무, 전나무가 빽빽하게 들어서 있는 스웨덴에서는 보기 드문 지형이다. 스웨덴 영토 총면적 52만 8,447km² 중 삼림 지대는 63%에 달하는 반면, 농경 지대는 10%에 불과하다.

스웨덴은 물의 땅이라고 해도 과언이 아니다. 주변을 길게 둘러싼 해안과 아름다운 군도, 거친 물살이 흐르는 강, 운하,

스웨덴 군도 서부에 위치한 롬소에 바위섬

그리고 고요한 호수가 있으니 말이다. 스웨덴 서쪽의 북해 그리고 동쪽의 발트해에는 숨이 막힐 정도로 아름다운 군도가 하나씩 있다. 동해안 지역의 군도에는 척박한 무인도부터 바위 투성이 해안가가 펼쳐진 유인도까지 다양한 규모의 섬이 2만 5,000개 이상 있다. 스웨덴 발트해 연안에는 규모가 큰 유인도가 2개 있는데, 그 이름은 올란드섬과 고틀란드섬이다.

수천 개에 달하는 스웨덴 호수 중 베테른 호수와 베네른 호수는 유럽에서 가장 큰 호수에 해당한다. 수문이 여러 개 있는 고타 운하는 두 호수를 연결해주며, 동해안으로는 스톡홀

름 그리고 서해안으로는 예테보리와 이어져 있다. 예타 운하가 스웨덴의 '블루리본'이라 불리는 이유다.

스웨덴 인구의 대부분은 스톡홀름, 예테보리, 말뫼 등 주요 도시가 자리 잡고 있는 남반부에 거주한다. 스웨덴 최북단 지역, 지리적 영역으로 보면 스웨덴, 노르웨이, 러시아, 핀란드에 걸쳐 있는 지역에는 스웨덴 토착민 사미족이 거주한다. 사미족이 가장 많이 거주하는 국가는 노르웨이이며, 현재 스웨덴에는 2만 명 가까이 거주하고 있다. 그중 10% 정도가 순록을 사육하면서 오늘날까지 삶을 영위하고 있다. 스웨덴 최북단 도시

키루나는 북극권에 위치하고 인구는 1만 7,000명 정도이다.

기후

스웨덴의 기후는 다양하다. 겨울은 길고 어둡고 캄캄하며, 대체로 춥다. 그렇기 때문에 대부분의 스웨덴 사람들은 눈이 내려 주변이 환해지기를 기다린다. 지역에 따라 11월과 5월 사이 언제까지라도 눈이 녹지 않고 남아 있을 수 있다. 겨울철 우울증을 이겨내기 위해 스웨덴 사람들은 낮에 실외에서 최대한 많은 시간을 보내고, 꽁꽁 얼어붙은 호수 위에서 스케이트를 타는 등 겨울 스포츠를 즐긴다. 겨울에 열대 기후 국가로 여행을 가는 사람도 많다. 최북단 지역에서의 겨울은 온종일 어두울 수 있으며, 여름은 온종일 밝을 수 있다. 온도는 지역에 따라 다르다.

스웨덴 방문 시기가 여름인지 겨울인지에 따라 다수의 외국인 관광객들은 스웨덴 사람들이 크게 다르다고 느낄 수 있다. 이는 날씨와 관련이 크다. 여름에는 활기가 넘치는 사람들이 공원, 호수, 카페를 가득 채우는 외향적인 모습을 볼 수 있

평균 기온		
	1월	7월
말뫼	0℃	20℃
스톡홀름	− 1℃	21℃
키루나	− 14℃	13℃

평균 일조 시간		
	1월	7월
말뫼	7시간	17시간
스톡홀름	6시간	18시간
키루나	0시간	24시간

다. 반면 겨울에는 극강의 추위를 피해 바삐 서두르거나 온종일 집에서 텔레비전을 보는 등 조금 더 내향적인 경향이 있다.

봄가을은 뚜렷하지만 짧다. 스웨덴에는 '지금 이 순간에 충실하라'를 좌우명으로 삼고 사는 사람들이 많은데, 날씨가 좋을 것 같으면 모든 일을 제쳐두고 밖에 나가 그 순간을 즐긴다. 기후가 안정적이고 예측 가능한 지역 출신 사람들은 대체로 이해하기 힘든 부분이다.

역사적 개관

【 바이킹 시대_800~1050년 】

9세기 스칸디나비아, 지금으로 치면 덴마크, 노르웨이, 스웨덴에 해당하는 지역에, 우리가 바이킹이라고 잘 알고 있는 호전적인 성향의 게르만 민족이 성기게 무리 지어 살고 있었다.

바이킹은 해상에서 유럽의 대부분 지역을 습격한 탓에 잔인함과 파괴성으로 악명이 높아지고 있었다. 덴마크계와 노르웨이계 바이킹은 서쪽과 남쪽 해상의 아일랜드, 아이슬란드, 잉글랜드, 프랑스를 향했다. 스웨덴계 바이킹은 주로 동쪽으로 항해를 했는데, 러시아 지역 강 주변을 습격 후 그곳에 정착하거나, 그들이 '미클라가드'라고 불렀던 바그다드와 콘스탄티노플까지 이르

베스트라예탈란드주의 렉셰싱의 바이킹을 재현하는 모습

기도 했다. 그들은 뛰어난 조선술로 섬이 많은 지역과 그 주변 그리고 호수를 가로질러 빠르게 항해하고, 필요할 때 육지 위로 배를 나르기 위해 바닥이 평평하고 길쭉한 배를 개발했다. 바이킹의 정복 활동은 조선술 덕분이라고 할 수 있다.

이론상 바이킹은 배를 이용해 세계 다른 지역과 교역할 수 있었지만, 처음에는 다른 지역을 습격·약탈하고, 그 사람들을 노예로 취하는 것이 더 편리하다고 생각했다. 전사들은 약탈품을 공정한 몫으로 나눠 가져갈 권리가 있었고, 오늘날 스웨덴 사람들의 사고방식에서 엿볼 수 있는 부분이다.

바이킹은 '팅'이라는 일종의 의회를 열었는데, 이곳에서 여러 가지 문제들을 함께 의논하고 해결했다. 지도자의 직책은 세습되지 않았고, 최고 지도자는 능력에 따라 선출되었다. 여성들은 재산을 소유하고, 이혼을 요구하고, 혼인 관계가 끝나면 지참금을 반환받을 수 있었다.

【 암흑시대부터 계몽시대까지 】

바이킹의 정복 활동이 전부 파괴적이었던 것만은 아니다. 바이킹은 때로 상인, 정착민으로서 상호 이익을 위해 다른 지역 사람들과 평화적으로 관계를 맺기도 했다. 서기 1000년에 스웨덴은 기독교를 종교로 받아들임으로써 세금 지원을 받는 중세 왕들이 다스리는 국가로 변모했다. 1210년 교회와 국가 사이에 동맹이 결성됐고, 2000년이 돼서야 공식적으로 해체됐다.

기독교를 받아들임과 동시에 귀족정치가 시작됐다. 여러 왕조가 스웨덴 왕국 지배권을 두고 힘겨루기를 했고, 여러 차례의 십자군 전쟁으로 핀란드 서부 지역이 스웨덴 일부로 포함됐다. 스칸디나비아 3국 내에서의 왕조의 권력 투쟁으로 인해 스웨덴 왕위는 덴마크로 넘어갔고, 덴마크 여왕 마가레타가 스칸디나비아 지역 사상 가장 강력한 권력을 지닌 통치자가

쇠데르만란드 살렘 교회의 제단화에 성녀 브리짓의 모습

되었다. 그녀의 정치 공작의 결과 1397년 스웨덴, 노르웨이, 덴마크 3국을 연합한 칼마르 동맹이 결성됐다. 이후 스웨덴은 사실상 일련의 섭정에 의해 지배됐다.

칼마르 동맹은 100년이 넘는 시간 동안 갈등과 반란에 시달렸다. 1520년 덴마크 왕 크리스티안 2세가 스톡홀름

에서 평화적인 접근의 의미로 연회를 열고 마지막에 문을 걸어 잠가, 자신에게 불충하다고 생각했던 스웨덴 귀족 80여 명의 목을 벤 이후 암흑시대의 막이 내렸다. 이 사건은 '스톡홀름 대학살'이라고 알려져 있으며, 스웨덴에서 크리스티안 2세는 '폭군'으로 기억되고 있다.

【 바사 왕조 시대 】

구스타프 바사는 자신의 아버지, 형제, 매부와는 달리 '스톡홀름 대학살'에서 살아남았고, 반란을 일으켰다. 그는 달라르나 지방과 노르웨이에 지원을 요청하기 위해 크로스컨트리 스키를 타고 스웨덴을 횡단한 것으로 알려져 있다. 오늘날 세계 최장 크로스컨트리 스키 대회로 유명한 '바사 스키 경주 대회'에서 그의 위업이 재현되고 있다.

1550년 구스타프 바사의 모습

구스타프 바사는 1523년 6월 6일 스웨덴 왕위에 올랐고, 칼마르 동맹은 해체됐다.

오늘날 스웨덴 사람들은 6월 6일을 국경일로 기념한다.

구스타프 바사 통치 아래 스웨덴은 귀족, 성직자, 상인, 소작농 순서의 계급 체계를 기반으로 한 국가로 탈바꿈했다. 릭스다그(스웨덴 의회)에는 4개의 계급 대표자가 있으며, 의회 소집 및 표결은 독립적으로 이루어지고, 75퍼센트 이상 득표해야 의결된다. 이 시스템은 1865년까지 지속됐다. 무자비하지만 강력하고 진보적인 통치자 구스타브 바사는 1527년 스웨덴 개혁의 일환으로 교회 소유 재산을 전부 정부에 이양함으로써 국가 재정 위기를 극복했다. 결국 루터교가 로마 가톨릭교 대신 국교로 지정되었다. 1544년 구스타프 바사는 세습 군주제를 선포했다. 루터교와 세습 군주제는 오늘날까지 이어진다.

【 스웨덴 제국 시대 】

1611년부터 1721년까지 스웨덴은 북유럽에서 우세한 국가로 발돋해 발트해 지역 대부분에 대한 지배권을 행사했다. 스웨덴은 110년에 이르는 기간 중 72년은 전쟁을 치렀다. 그중에서도 신성 로마 제국의 합스부르크 군주에 대항하여 1631년에 유럽 30년전쟁(1618~1648년)에 출전했다. 북유럽 사자라고 불리는 구스타브 2세 아돌프(1611~1632년)의 탁월한 군사력은 독일의 개신

요한 발테르가 그린 1631년 브레이텐펠드 전투에서의 구스타프 아돌프 2세의 모습

교를 지켜냈다. 그는 스톡홀름을 스웨덴의 행정 수도로 지정했다.

그의 딸 크리스티나(1633~1654년)는 여섯 살의 나이로 스웨덴 사상 첫 여성 군주가 되었다. 그녀가 결혼하기를 꺼린 탓에 왕위는 그녀의 사촌 칼 구스타프에게 넘어갔다. 그녀는 왕위에서 물러나 가톨릭교로 개종했고 바티칸에 안치됐다. 이 스캔들로 인해 왕위 계승 관련 법률이 개정되어 여자는 왕위를 계승할 수 없게 되었다. 해당 법률은 1980년 폐기되어, 현재 스웨덴은 왕위 계승 서열 1위 빅토리아 공주가 왕위에 오를 수 있게 되었다.

【 캐롤리언 시대 】

칼 10세 구스타프 왕(1654~1660년)은 폴란드를 정복하고, 자신의 군대를 지휘해 얼어붙은 바다를 가로질러 덴마크를 급습하여, 오늘날 스웨덴 남부 지방을 얻어냈다. 칼 11세(1660~1697년)는 군주, 귀족, 소작농의 토지를 더욱 균등하게 분할하는 동시에 절대 권력을 키워나갔다. 칼 12세(1697~1718년)는 청소년기에 권력을 쥐게 되었다. 항상 전쟁을 벌인 탓에 그의 통치에 대한 논란의 여지가 많았다. 1718년 그는 노르웨이에서 요새를 포위하던 도중 머리에 총을 맞아 사망했다. 그는 그때쯤 핀란드 그리고 폴란드 일부를 제외하고 스웨덴이 얻어낸 영토 대부분을 잃은 상태였다. 이때 체결한 조약 세 개 중 1721년 러시아와 체결한 조약이 가장 중요했다. 그 조약 덕분에 오늘날 스웨덴이 핀란드, 러시아와 맞닿아 있는 국경선을 확정하고, 150년 동안 끊임없이 이어진 전쟁이 끝을 맺게 되었다. 전쟁광 칼 12세의 조각상은 스톡홀름 왕립공원에 팔은 들어 올린 채 러시아를 가리키는 모습으로 서 있다.

【 자유 시대 그리고 구스타프 시대 】

18세기는 스웨덴의 자유 시대라고 알려져 있었다. 1719년 새로운 헌법에 제정되어 정치적 권력이 왕으로부터 귀족들이 장악하고 있던 의회 릭스다그로 옮겨졌다. 의회에 의한 통치는 1770년 무렵까지 계속되었다. 1772년에는 새로운 왕 구스타프 3세가 무혈 쿠데타를 일으키고 스스로 절대 권력을 주장했다.

진보적인 폭군 구스타프 3세는 스웨덴 문화의 황금기를 이끌었다. 그는 스톡홀름에 왕립 오페라 하우스와 왕립 드라마 극장, 드로트닝홀름 궁전에도 매우 아름다운 극장을 세웠다. 1786년에 그는 오늘날 노벨 문학상을 수여하는 스웨덴 학술원을 설립했다. 하지만 귀족들의 특권을 맹비난하여 그들의 반감을 샀다. 1792년 그는 오페라 하우스에서 열린 가면무도회에서 암살당했다.

그의 아들 구스타프 4세 아돌프는 1809년 나폴레옹 전쟁 중 러시아에 핀란드 땅을 빼앗기자, 왕위에서 물러났고 스웨덴을 떠났다. 이로 인해 스웨덴 영토의 삼분의 일이 줄었고 한 시대의 막이 내렸다.

【 베르나도트 시대 】

19세기 권력은 군주로부터 국민에게 옮겨 갔다. 왕위에 오를 사람이 없게 되자, 복구된 의회 릭스다그의 귀족들은 나폴레

옹의 제군 장 바티스트 베르나도트에게 스웨덴 군주 자리를 제안했다. 그는 1810년 왕위에 올랐고 오늘날 같은 성씨를 가지고 있는 왕실의 조상이다. 새로운 헌법이 제정되어 군주의 절대 권력은 사라지고, 귀족들의 특권도 줄면서 권력은 왕, 정부, 의회로 분산됐다.

1812년 베르나도트는 프랑스를 상대로 러시아와 손을 잡았다. 1813년 그는 라이프치히 전투에서 자신의 전 지휘관인 나폴레옹을 패배시켰고, 덴마크를 공격해 1814년 노르웨이를 스웨덴에 넘겨주는 내용을 골자로 한 킬조약을 체결할 것을 강요했다. 이것이 스웨덴이 참전한 마지막 전쟁이다. 노르웨이와 스웨덴 사이 체결한 동맹은 1814년부터 1905년까지 100년 가까이 지속됐다. 베르나도트는 칼 요한 14세라는 왕명으로 1818년부터 1844년까지 스웨덴을 통치했다.

평화가 지속된 100년 동안 스웨덴 인구는 급증했다. 하지만 경작할 수 있는 토지가 부족해서 대부분이 농업으로 먹고 사는 국민들이 큰 부담을 느꼈고, 흉작은 기근과 재정 위기로 이어졌다. 1850년부터 1930년까지 150만 명 정도가 더 나은 삶을 위해 대부분 미국으로 이민을 갔다. 일부는 종교의 자유를 찾아 떠나기도 했다. 뮤지컬 「뒤베몰라의 크리스티나」와 빌

헬름 모베리가 쓴 스웨덴 고전 연작 소설 『이민자』는 이 시기의 스웨덴 역사를 그려내고 있다.

【 스웨덴 산업 혁명 시대 】

스웨덴 산업 혁명은 1800년대 말이 돼서야 시작됐고, 1900년에는 인구가 500만 명까지 늘어났다. 경작지가 턱없이 부족했기 때문에 공장에서 일하기 위해 도시로 이주하는 인구가 증가했다.

1846년에는 무역 조합과 독점 제도가 폐지되면서 자유 기업들이 생겨났다. 이 시기는 양원제 의회를 형성되고, 중립 외교를 채택하고, 1905년에는 노르웨이와의 동맹이 해체되는 등 정치적 개혁이 이루어진 시기로 아주 중요했다. 1907년에는 비례 대표제와 보통 선거권이 도입됐다.

이러한 가치들은 1889년 창당된 사회민주당의 정치적 기반에서 지금도 엿볼 수 있다. 사회민주당은 일부 시기를 제외하고 1932년부터 스웨덴 정권을 유지해왔다. 이렇듯 한 정권이 오랜 기간 유지된 덕분에 지난 70년 동안 스웨덴이 안정을 이룰 수 있었다.

【복지 국가】

1936년 사회민주당과 농민당은 실업 급여, 유급 휴가, 보육, 주택에 대한 권리를 보장하는 복지 국가 개념을 만들어냈다. 이 개념은 1947년부터 1969년까지 사회민주당에 의해 실현됐다. 요람부터 무덤까지 계속되는 복지 사회 안전망을 도입한 결과 일정 기간 스웨덴에서 빈곤이 사실상 사라졌다. 인구가 증가하고, 사고방식이 변하고, 시장 중심 정책이 도입되면서 오늘날 복지 국가는 다소 해체되고 개인화됐다.

【비동맹 정책】

제1차 세계대전과 제2차 세계대전 중에 스웨덴의 비동맹주의 및 중립 외교는 국가 경제를 지켜내는 데 도움이 되었다. 제2차 세계대전 중 스웨덴의 역할, 그중에서도 중립 외교에 대해서는 논란의 여지가 많다. 철을 판매하면서 양측 모두와 거래를 했기 때문이다. 스웨덴은 1940년부터 1943년까지 압력에 못 이겨 독일 군대가 스웨덴을 거쳐 노르웨이로 향하는 것을 제한적으로 허용했다. 연합군에게도 비밀리 지원을 제공했다.

【 전후 시대 】

전쟁의 막이 내린 후 스웨덴은 물리적 충돌과 침략을 모면한 덕분에 경제적 우위를 점하고 있었고, 북대서양조약기구 나토 NATO 가입을 거부하는 등 비동맹 정책을 유지했다. 스웨덴은 타게 엘란데르 총리가 무려 23년 동안 집권했는데, 그는 전례 없는 호황이 이어졌던 안정기를 이끌었다. 더 많은 사람들이 도시로 이주해오자, 주택 공급 부족 문제가 발생했다. 1965년 부터 1974년까지 스웨덴 정부는 늘어나는 인구를 수용할 수 있도록 주택 100만 개 공급 프로젝트에 착수했다. 대부분의 주택들은 지금까지도 남아 있지만, 그중 대다수는 수리를 거쳤고, 일부는 무너지고 있다.

이때부터 유럽 남부 지역을 시작으로 칠레, 이란, 발칸 지역에 이르기까지 많은 지역 출신 이민자들이 스웨덴으로 대량 유입되기 시작했다. 1974년에는 헌법 개정으로 인해 군주는 남아 있던 정치적 권력마저 반납했고, 1995년 스웨덴은 유럽연합에 가입했다. 스웨덴은 2001년과 2009년 총 두 번 유럽연합 의장직을 맡았다. 스웨덴에서는 1986년 올로프 팔메 총리 암살 사건, 2003년 안나 린드 외교부 장관 살인 사건, 2017년 스웨덴 중심 쇼핑가에서의 끔찍한 테러 등 세 번의 끔찍한 폭력 사건이 일어났다. 이로 인해 자신들의 사회가 모범적이며 비폭력적이라고 생각했던 스웨덴 사람들의 자기평가를 다시 하게끔 하는 계기가 되었다.

스웨덴을 다시 한 번 충격에 빠트린 사건은 1994년 9월 28일 수요일에 발생했다. MS 에스토니아호는 승객 989명을 태우고 발트해를 가로질러 에스토니아 탈린에서 스톡홀름으로 향하던 도중 침몰했다. 852명의 사망자가 발생했는데, 그중 504명이 스웨덴 국적이었다.

【 뉴 밀레니엄 시대 】

2000년 7월 1일 스웨덴 역사에 기록될 일이 일어났다. 스웨덴과 덴마크를 잇는 외레순 다리가 개통되면서 스웨덴과 유럽 대륙이 이어졌다. 이로 인해 말뫼-코펜하겐 지역 전체는 스칸디나비아 지역에서 가장 번영하는 지역으로 성장했다.

스웨덴은 유럽연합을 강력하게 지지하는 국가지만, 2003년 유로를 기준통화로 도입하지 않았다. 2006년에는 사회민주당이 총선에서 패해 보수당에게 정권을 내주게 되었다. 보수당은 중앙당, 자유당, 기독민주당과 함께 프레드릭 라인펠트 총리 주도하에 연합이라는 중도 우파 연립 정부를 세웠다. 연립 정

사장교 외레순 다리에는 덴마크로 통하는 도로와 철도가 있다.

부는 2014년까지 정권을 유지했고, 2번의 임기 동안 고용 조건 완화, 세금 및 병자와 실업자에 대한 보조금 감면 등 정치적·사회적으로 중요한 일련의 정책들을 새로이 도입했다.

2004년 스웨덴 국민 2만 명이 휴가를 보내고 있던 태국 등 동남아시아 지역에 쓰나미가 강타했다. 스웨덴 국적 사망자는 총 543명으로 가장 큰 피해를 입은 국가였으며, 그 파급 효과는 지금까지도 이어진다. 2009년 스웨덴에서 동성혼이 합법화됐고, 그다음 해에는 극우 정당이 처음으로 의회에 입성했다. 2010년부터 2019년까지 스웨덴 정국은 고질적인 사회 분열을 나타내는 듯이 양극화가 심화됐다.

사회민주당은 2014년 다시 정권을 잡았고, 녹색당과 함께 소수 연립 정부를 구성했다. 2018년 총선의 결과가 확실하지 않아 정부를 구성하는 데 5개월 남짓 걸렸다. 해당 정부는 사회민주당과 녹색당으로 구성되고, 좌파당, 자유당, 중앙당의 지원을 받았다.

2020년 발트해와 러시아 국경 지역의 안보 불안정으로 인해 스웨덴 의회는 국방비 증액을 표결에 부쳤다. 스톡홀름은 스웨덴령 고틀란드섬에 대한 방위력을 현격히 증강했다. 스웨덴 정부가 오랫동안 고수해온 군사적 비동맹 정책과 정반대인 북대서양조약기구NATO 가입도 정부의 뜻과는 달리 과반수 투표를 얻었다.

오늘날의 스웨덴

국토 면적이 작은 나라인 점을 감안하면 스웨덴은 해외 홍보에 성공했다. 삶의 질, 기회, 기업가 정신, 평등에 대해 전 세계적으로 설문조사를 했을 때 거의 언제나 5위안에 든다. 스웨덴이 일반적으로 평등하고, 진보적이고, 근대적인 국가로 인식되고 있다는 의미다. 하지만 해외 평론가들은 이민자들의 영향 또는 논란이 많았던 2020년 스웨덴 정부의 미흡한 코로나바이러스 팬데믹 대처를 지적하며 현재로서는 불안정한 사회라고 주장한다.

스웨덴은 100년도 채 되지 않는 시간 동안 단일 민족에 가까운 사회에서 다문화 사회로 탈바꿈했다. 오늘날 1,040만 인구의 25퍼센트가 해외 국적을 가진 것으로 분류되어, 스웨덴은 북유럽 국가 중에서 이민자 비율이 가장 높은 것으로 나타났다. 이민자 중 다수는 난민이지만, 전문직 종사 목적으로 이주해 온 사람도 굉장히 많다. 시리아에서의 군사적 갈등은 유럽 역내 혼란을 일으켰고, 수백만 난민 인파가 지중해 연안까지 이르게 되었다. 스웨덴은 2015년부터 2016년까지 30만 명에 달하는 망명자들의 입국을 허용했고, 유럽연합 역내 1인당 최다 흡입 인구다. 이는 스웨덴 사회에 오래도록 영향을 미쳤고, 일부 스웨덴 국민들은 더 이상 이민자들을 받지 말자고 요구하기도 했다. 반대 입장의 사람들은 스웨덴 정부의 인도주의적 정책을 자랑스러워하며 이민자들을 환영했다. 하지만 최근 이민자 유입을 통제하고 통합을 용이하게 하기 위해 더 엄격한 이민 관련 법률이 시행되고 있다.

사미족

스웨덴 토착민은 사미족이다. 사미족은 노르웨이, 스웨덴, 러시아, 핀란드를 아우르는 북극권 북쪽 광활한 사프미 지역 출신이다. 그들은 현재 주권 국가 수립을 요구하지는 않지만 각자의 국가에서 자치권이 확대되기를 바라고 있다. 오늘날 스웨덴에는 사미족이 2만 명 가까이 거주하고 있으며, 어업 및 순록 축산업 등 다양한 방식으로 삶을 영위해가고 있다. 우생학적 연구, 차별, 토지권 분쟁의 대상이 되었던 억압과 불평등의 역사가 지나간 후 1989년에야 스웨덴은 사미국의 존재를 인정했다. 1993년에는 스웨덴 사미 의회가 개원됐고, 사미족 어린이들이 모국어로 교육받을 수 있게 되었다. 2010년부터는 사미족이 다수인 지역 행정기관 라포니아슈오티우두스는 유네스코 세계 문화유산 보호 지역 라포니아를 통제해왔다.

1998년 스웨덴은 사미족에 대한 악행에 대해 공식 사과했다. 사미어는 스웨덴 법에 의해 공식 소수 언어로 인정되고 있다. 2016년에 개봉한 영화 「사미 블러드」는 비평가들의 찬사를 받았다. 영화는 1930년대를 배경으로 하며 스웨덴 역사의 수치스러운 부분들을 그려내고 있다.

도시

스웨덴 도시들은 다른 나라의 도시들과 비교했을 때 큰 편은 아니지만, 작고 아담한 크기가 매력 포인트다. 주요 도시와 시가지는 스톡홀름, 예테보리, 말뫼, 3곳이다. 수도 스톡홀름은 흔히 '북유럽의 베니스'라고 불린다. 14개의 섬으로 이루어져 있으며, 스웨덴 군도의 2만 5,000개의 또 다른 섬들을 마주 보고 있다. 스톡홀름 인구는 221만 명에 달하여 스웨덴에서 가장 큰 도시다. 고속도로, 주택, 지하철 노선 신설 공사가 끊임없이 이어지는 것을 보면 도시가 팽창하고 있다는 것을 알 수 있다. 슬루센 프로젝트는 2015년에 시작된 대규모 프로젝트인데, 스톡홀름 중심의 노후화된 교통 중심지가 침몰하는 것을 방지하기 위함이었다. 스톡홀름 남부 지역과 올드타운을 잇는 '골든브릿지'는 공학 기술의 주요 업적이자 슬루센 프로

스톡홀름 시청 옥상에서 바라본 구시가지(감라스탄역) 모습

젝트의 중요한 부분이며, 2020년 10월 스웨덴 왕이 교량 개통식을 거행했다. 스톡홀름에서 북쪽으로 조금만 올라가면 대학도시 웁살라(인구 23만 명)가 있고, 800년 된 아름다운 성당이 있다.

예테보리(인구 99만 5,000명)는 스웨덴 서해안 지역 대부분을 차지하고 있고, 화물선과 여객선의 주요 길목이다. 고텐버그는 외부인들을 따뜻하게 환영해주는 것으로 잘 알려져 있으며, 군도와 주로 바람이 거세게 부는 북해를 내다보고 있다. 대부분이 생산직에 종사하는 예테보리 주민들과 '놀-오따(0에서 8을

말뫼의 도시 풍경

의미)'라고 불리는 스톡홀름 주민들은 애증 관계다. 참고로 '놀-
오따'는 스톡홀름 주민들을 멸시하는 호칭으로, 그들의 지역번
호가 08인 점에서 비롯되었다.

스웨덴 최남단 스코네주에는 말뫼(인구 64만 3,000명)라는 도
시가 있다. 스웨덴에서 세 번째로 큰 도시이고 코펜하겐 맞은
편에 있다. 바다를 중심으로 양쪽 인구가 400만 명이 넘고, 현
재 성장세에 있는 외레순 지역의 일부다. 해안 지구에는 말뫼
의 대표적인 건축물 터닝 토르소가 있다. 터닝 토르소는 2005
년 개장한 신미래주의적 주거용 건물이며, 세계 최초 꼬아진
형상이며, 스칸디나비아에서 최고 높이를 자랑한다.

말뫼에서 외레순 다리를 건너 기차로 20분만 가면 코펜하겐이기 때문에, 말뫼 주민들이 다소 멀게 느껴지는 스톡홀름보다 덴마크 수도 코펜하겐의 영향을 더 많이 받는 것은 당연한 일이다. 인접 도시 헬싱보리에서 연락선을 타고, 햄릿의 배경이 된 성이 위치한 덴마크 도시 헬싱외르로 건너갈 수도 있다. 대학도시 룬드(인구 10만 명)는 30km 밖에 떨어져 있지 않고, 한때 가톨릭교회가 통치했던 아이슬란드에서 핀란드까지 광활한 지역의 종교적 수도이기도 했다. 그 외에는 대부분의 스웨덴 도시 지역은 소수의 작은 도시들과 다수의 더 작은 도시들로 이루어져 있다.

정부

스웨덴은 의회 민주주의 국가로, 모든 권력은 국민에게서 비롯된다. 선거는 4년마다 9월 둘째 주 일요일에 치러지며, 투표율은 굉장히 높은 편이다. 단원제 의회 릭스다그의 의원은 349명이며 비례대표제로 의석이 배분된다. 그렇기 때문에 정부는 다당 연립인 경우가 많다. 원내정당 수를 최소화하기 위해 비례

대표제에서 예외적으로 정당은 적어도 4퍼센트 이상 득표해야 의석을 확보할 수 있다.

• 주요 정당 •

2021년 스웨덴 원내정당은 총 8개다.

- 소시알데모크라테르나(사회민주당): 중도 좌파 정당. 과거에는 공공부문이 사회 복지 사업을 통제해야 한다고 주장했지만, 최근 여론에 따라 변화하고 있다. 친노조 성향으로 전체 표의 25퍼센트 정도를 획득한다.

- 모데라테르나(온건당): 우파 정당이며 보수적이다. 사회 복지 사업 민영화 등 자유 경쟁을 기반으로 한 시장 경제와 감세 정책을 주장한다. 전체 표의 20퍼센트 정도를 획득한다.

- 스베리예데모크라테르나(스웨덴 민주당): 우파 정당이며 민족주의적이다. 보수적이고 전통적인 관점으로 가족 및 사회 정책을 바라본다. 주요 강령은 이민자 제한 및 스웨덴 문화 보존이다. 2010년 처음 의회에 입성한 후, 인기가 급증해 전체 표의 18퍼센트 정도를 획득한다.

- 리베랄레르나(자유당): 중도파 정당. 온건당과 사회민주당의 성격을 다 가지고 있어 어느 한쪽으로 쏠리는 경우가 있다. 주요 강령은 '사회주의 성격을 띠지 않는 사회적 책임'이다. 주요 쟁점은 교육이다. 보통 전체 표의 10퍼센

트 이하를 획득한다.

- 크리스트데모크라테르나(기독 민주당): 우파 정당으로 범죄 및 처벌과 관련된 보수적인 가족 중심 정책을 주장한다. 전체 표의 5~10퍼센트 정도를 획득한다.

- 벤스테르파르티에트(좌파당): 극좌파. 의료 서비스 등의 공공 서비스 및 국유경제를 주장한다. 전체 투표의 10퍼센트 정도를 획득한다.

- 센테른(중앙당): 비좌파 환경당으로 스웨덴 농촌 지역과 밀접한 관계를 맺고 있다. 전체 투표의 5~10퍼센트를 획득한다.

- 밀리에파르티에트(녹색당): 환경 문제 및 기후 변화가 주요 쟁점이다. 좌파 성향의 젊은 층이 대부분이다. 사회민주당과 연합하는 경우가 많기 때문에 사회 민주주의-녹색 연립 정부의 일부라고 할 수 있다. 전체 투표의 5~10퍼센트를 획득한다.

- 페미니스티스카 이니티아티베트(페미니즘 정당): 전체 표의 4퍼센트 이상을 획득하지 못해 의회 입성에는 실패했다. 반인종차별주의적 정책을 중심으로 국민 모두가 더 평등한 사회에 이를 수 있도록 정치 체계를 재개하고자 한다.

02

가치관과
사고방식

대부분의 스웨덴 사람들은 매우 권리 중심적이며 솔직하다. 과거의 무조건적인 사회적 연대는 쇠퇴했을지언정 그들은 아직도 솔직하고, 화합을 이루며, 갈등이 존재하지 않는 개인의 삶을 추구한다. 사회적으로 스웨덴 사람들은 다른 나라 사람들보다 상대적으로 내성적이며 표현을 잘 하지 않지만, 그들과 더 친해지면 천연덕스러운 유머 감각, 자연 친화적 성향, 그리고 가정에 대한 큰 사랑을 엿볼 수 있다.

스웨덴 사람들은 다른 나라 사람들만큼이나 다양성을 띠기 때문에, 스웨덴에서는 가지각색의 사람들을 만나볼 수 있다. 개인차가 있겠지만, 스웨덴 사람들이 국경 밖에서도 실현하며, 부모와 학교가 아이들에게 가르치려는 가치관으로 형성된 국가 '브랜드'가 분명히 존재한다. 스웨덴 사람들의 가치관은 평등, 독립, 자기표현, 존중이라는 강한 신념을 바탕으로 한다. 대부분의 스웨덴 사람들은 매우 권리 중심적이며 솔직하다. 과거의 무조건적인 사회적 연대는 쇠퇴했을지언정 그들은 아직도 솔직하고, 화합을 이루며, 갈등이 존재하지 않는 개인의 삶을 추구한다.

사회적으로 스웨덴 사람들은 다른 나라 사람들보다 상대적으로 내성적이며 표현을 잘 하지 않지만, 그들과 더 친해지면 천연덕스러운 유머 감각, 자연 친화적 성향, 그리고 가정에 대한 큰 사랑을 엿볼 수 있다.

당연하게 보장되는 평등

스웨덴 사람들에게 큰 원동력이 되는 가치는 평등이고, 이는 법에 명시되어 있다. 평등이라는 가치는 사회, 정치, 업무 환경, 가정 곳곳에 스며들어 있다. 스웨덴은 수십 년을 평등권과 관련 정책과 법률 제정에 힘써왔고, 다그 함마르셸드, 알바 뮈르달, 라울 발렌베리 등 세계적으로 저명한 인권 운동가를 배출했다.

【 양성평등 】

스웨덴에서는 1842년이 돼서야 여자아이들이 합법적으로 학교에 다닐 수 있었고, 1919년이 돼서야 여성들이 투표권을 행사할 수 있었다. 1938년에는 의학적, 인도주의적, 우생학적 이유에 근거한 산아 제한 및 낙태가 합법화됐다. 스웨덴 내 양성평등이 크게 실현되고 있다고 하지만, 일부는 아직도 갈 길이 멀다고 역설한다. 1980년부터 스웨덴에서 성차별은 불법으로 규정되었지만, 여성보다 남성들이 더 높은 관리직으로 승진하고, 남녀 간 임금 격차가 있다는 사실이 지금까지도 논란이 되고 있다. 여성을 보호하고 '여성들이 경제적인 이유로 어쩔 수 없이 집에서 육아를 함으로써 직장에서의 기회를 놓치지 않도록 하는 구조적 제도가 마련됐다. 예를 들면 유급 육아 휴직을 제공하고, 대체 인력을 뽑지 않는 것이다. 오늘날 육아 휴직은 부모 1명당 3개월이 제공되는 만큼 부모가 함께 사용하는 추세다. 이 3개월 동안 아빠들은 집에서 육아를 함으로써 엄마들이 출근할 수 있도록 한다. 한도가 정해져 있지만 부모들은 임금의 80퍼센트에 해당하는 정부 지원금을 받는다. 오늘날 스웨덴에는 평등권 행정 감찰관과 성평등부 장관이 존재한다.

【 아동 권리 】

스웨덴에서 평등이라는 개념이 아동에게까지 이어진다는 것은 명백한 사실이다. 스웨덴 부모들의 독특한 육아법이라고 할 수 있는데, 스웨덴 부모들은 자녀들이 중요한 문제에 대한 의사 결정 과정에 직접 참여할 수 있도록 한다. 스웨덴 부모들은 버릇없는 아이들에게 차분하고 이성적으로 말하는 경향이 있다. 화가 나서 아이에게 소리를 지르는 부모를 보기는 하늘에 별 따기다. 1979년 스웨덴은 세계 최초로 아동 형벌을 금지했고, 유엔 아동 권리 협약을 처음으로 비준한 국가 중 하나다. 스웨덴에는 아동의 권리와 이익을 대변하는 정부 기관인 아동 행정 감찰관이 존재한다. 스웨덴 아동은 누구나 정부가 보조금을 지원하는 유치원에 다닐 권리가 있고, 이는 부모들이 비

스웨덴 중심 외레브로에서 엄마와 아이가 도시를 돌아다니는 모습

싼 보육비를 부담하지 않고도 출근할 수 있도록 함이다.

【 인종 간 평등 】

교육, 의료 서비스, 사회 복지 서비스는 출신 민족이나 지역에
상관없이 스웨덴 국민 모두에게 제공된다. 2011년 인종차별법
개정안을 계기로 스웨덴에서 민족, 성별, 성전환 정체성이나 표
현, 종교 또는 기타 신앙, 장애, 성적 지향, 나이로 인한 차별은
불법이다. 하지만 스웨덴 전역에서 인종차별이 전혀 없다는 의
미는 아니다. 2019년 스웨덴 정부는 인종차별, 혐오 범죄, 온라
인 외국인 혐오, 불관용에 맞서 싸우기 위한 국가 계획을 선보

였다. 그런데도 스웨덴 정보기관에 따르면 최근 외국인 혐오와 급진주의적 성향이 증가하고 있다. 인종차별은 이슬람 혐오, 유대인 혐오 그리고 아프리카인 혐오의 형태로 가장 많이 발생한다.

하지만 이에 대한 반발도 있다. 2020년 거리에서 "흑인의 생명도 중요하다"를 외치던 움직임이 스웨덴에서 매일같이 조직적으로 일어나는 인종차별에 대해 수십만 인파가 시위에 나서도록 만들었다. 이토록 다양성이 강하고, 정치적 성향이 양극화하는 사회에서 인종 평등이라는 문제는 미래에도 계속 마주해야 할 도전 과제이다.

【 성소수자 평등 】

스웨덴은 2003년 입양권, 2009년 동성혼을 법적으로 허용하는 등 성 소수자의 권리 보호에 있어서 많은 진전을 이뤄냈다. 스웨덴은 1972년에 세계 최초로 성전환을 법적으로 허용했지만, 2013년에서야 폐지된 의무적 불임 조항이 포함됐었다. 성전환자들이 아직도 불관용 및 차별을 겪고 있기 때문에, 성전환 사회 내에서는 평등권을 보장받으려면 추가적인 노력이 필요한 상황이라는 목소리가 커지고 있다(70페이지 참고).

【 '두' 개혁 】

현대 스웨덴어에서 '당신'이라는 의미를 가진 단어는 '두du'이다. 하지만 항상 그렇지는 않다. 과거에는 '니ni'라는 격식 있는 단어나, 3인칭으로 '그, 그녀' 또는 '~씨Mr., Ms., 부인Mrs.'으로 상대방을 칭하는 것이 더 예의 바르다고 여겨졌다. 호칭은 지위와 상하관계를 나타내는 데 사용됐다. 이렇게 언어에 스며들어 있던 불평등은 1960년 '두du 개혁'을 계기로 사라지게 되었다. 오늘날에는 왕실에 있는 사람이랑 대화할 때를 제외하고 사회적 지위에 상관없이 서로를 '두du'라고 부른다. '니ni'라는 단어도 아직 존재하지만, 현재는 '당신'이라는 호칭의 복수형으로 쓰인다.

치열한 독립성

스웨덴은 국민 모두가 독립적이고 자립적으로 행동하도록 장려하는 사회이다. 모든 국민이 자신의 인생을 책임질줄 알아야 하며, 세금을 납부함으로써 그러지 못하는 사람들도 도와야 한다. 자급자족이라는 강한 신념으로 말미암아 대부분의 스웨덴 사람들은 굉장히 성실하며 혼자만의 시간을 필요로 한다. 그래서 서로의 사생활에 간섭하지 않도록 주의한다. 도움이 필요하면 요청할 것이라는 생각이 크게 자리 잡고 있어서 도움의 손길을 찾기가 어려울 수 있다. 일부는 이러한 성향 탓에 스웨덴 사회 내 우울증이 전염병처럼 번지고 있다고 주장한다. 2016년 「스웨덴식 사랑의 이론The Swedish Theory of Love」이라는 다큐멘터리는 이러한 신념을 깊이 파고든다.

자기표현

스웨덴 사람들은 자기표현 권리를 매우 중요하게 생각한다. 아이들은 어렸을 때부터 자신의 의사를 표현할 권리가 있다고 배운다. 하지만 그렇다고 해서 사람들이 항상 자신의 심중을 털어놓고 이야기하는 것은 아니다. 독립성, 자기표현과 함께 '자기실현'이라는 것이 딸려온다. 대부분의 스웨덴 사람들은 자신의 인생을 자신이 통제하고 있으며, 그들이 어떤 사람이 되고 싶은지, 어떤 사람을 사랑할지, 어떤 방식으로 살아갈지에 대한 권리가 있다고 믿는다. 사회 내 순응주의적 성향으로 인해 현실이 항상 그렇지는 않겠지만, 가장 근본적인 가치로 자리 잡고 있다.

상호 존중 및 시간 엄수

독립성, 자기표현과 관련된 것이 존중하는 마음이다. 모든 사람이 평등하다고 여기므로 그들의 사생활, 의견, 선택도 존중되어야 한다. 사회적으로 무례가 되지 않는다고 생각해 많은 스웨덴 사람들은 그들이 존중받지 못하거나 권리를 침해당했다고 느끼는 경우에 '크렝트(위반한, 부당한 대우를 받음을 뜻함)'라는 단어를 틀림없이 사용할 것이다.

대부분의 스웨덴 사람들은 시간 엄수를 중요하게 생각하는데, 지각한다고 서로를 존중하는 마음을 크게 저버리는 것은 아니지만 예의 없다는 평가를 받을 수 있다. 개인적으로는 스웨덴에는 '아카데믹 쿼터제(넓은 캠퍼스를 이동하는 데 15분가량의 시간이 필요하기 때문에 시간표 시간과 실제 수업 시간이 15분 차이가 나는 것을 의미)'라는 개념에 따르면 15분 정도 늦는 것은 사회적으로 용인된다. 반대로 일찍 가는 것도 피하는 것이 좋으며, 대부분의 스웨덴 사람들은 초인종을 울릴 시간이 되기 전까지 밖에서 배회하기 마련이다. 업무 상황에서는 시간 엄수는 평등이라는 가치를 잘 보여준다. 모든 사람의 시간은 중요하기 때문이다.

라곰: 적당한

'라곰lagom'이라는 단어는 스웨덴 국가 정신의 근간을 설명하는 데 사용되는 개념으로 알려져 있다. '적당한', '알맞은', '충분한'이 가장 근접한 번역이라고 할 수 있다. 라곰은 무언가 부족하다는 것이 아니라 적합하다는 의미를 지니고 있다. 모두가 자신이 필요한 것보다 더 많지 않은 적당한 복지 혜택을 받는 스웨덴을 잘 나타난다. 사회적으로는 특정 상호작용을 설명하는 수단이 되기도 한다. 예를 들면 선물을 주는 것이 과장되거나 현란하지 않고 적당한 것이 이상적이다. 2017년 영국과 미국에서 스칸디나비아식 유행어로 열풍이 일었고, 과소비를 대체할 개념으로 소개됐다. 라곰은 주관적인 개념이기 때문에 이해하기 어렵다. 어떤 사람에게는 적당하다고 느껴진 것이 다른 사람에게는 그렇지 않을 수 있기 때문이다. 하지만 라곰은 관점을 개인에서 집단으로 전환하는 역할을 한다. 개개인보다는 더 광범위한 관점을 가지고 해당 상황에 가장 적합한 것을 기반으로 의사 결정을 내린다. 라곰이 처음 문헌상 등장한 시기는 1600년대이지만, 수 세기 전에 이미 존재했을 것이라는 주장도 있다.

얀텔라겐: 얀테의 법칙

라곰과 관련된 발상 중에 얀텔라겐이라는 개념이 있다. 어떤 문화든 사람들의 일일 행동 양식을 지배하는 일련의 사회 원칙들로 뒷받침된다. 20세기 초 덴마크계 노르웨이 작가 악셀 산데모사는 그의 저서 『도망자』에서 '얀테'라는 소설 속 북유럽 마을 사람들이 겸손함을 유지할 수 있도록 하는 10가지 억압적인 법칙을 나열했다.

첫 번째 법칙은 '자신이 특별하다고 생각하지 마라'다. 나머지 규칙들은 독자들에게 자신을 다른 사람보다 더 현명하고, 선하고, 똑똑하고, 중요하다고 생각하지 않도록 충고한다. 더 나아가 자신이 높은 지위에 오르거나 다른 누가 자신을 신경

쓸 것이라고 생각해서는 안 된다. 원래 의도는 풍자였지만, 삭막하게 그려낸 스칸디나비아 사람들의 사회적 규범이 너무 정확한 나머지 이 소설은 독자들에게 엄청난 영향을 미쳤다. 오늘날 스웨덴 사람들이 겸손하고, 자제력이 강한 이유는 얀테의 법칙 때문이라고 할 수 있다.

오늘날 스웨덴에서는 얀테의 법칙이 세대 및 지역 차이를 불러일으킨다. 고령층, 그중에서도 시골 지역에 거주하는 고령층은 자신이 젊었을 때 있었던 억압적인 얀테의 법칙을 아직도 중요하게 생각할 수 있다. 공정하거나 공평하지 않다는 이유로 다른 사람들보다 잘하는 것처럼 보이지 않기 위해 노력할 수도 있다. 그들이 어떤 옷을 입고, 어떤 차를 타고, 어떤 집에 살고, 공공장소에서의 행실까지도 영향을 미칠 수 있다. 대중들 사이에서 눈에 띄게 되면 많은 사람들 앞에서 창피를 당하거나 콧대가 꺾이게 될 수도 있다.

청년층 및 도시 지역 주민들은 얀테의 법칙을 과거의 잔재로 일축해버린다. 스톡홀름 등 대도시에서는 값비싼 차, 디자이너 의류 등 부와 지위를 공공연하게 표출하는 모습을 많이 보게 될 것이다. 스웨덴에서 사회적으로 크게 성공하거나 돈을 잘 버는 것은 더 이상 속된 일이 아니다. 하지만 그것을 자랑하는 행위는 대체로 없어 보이고 세련되지 않은 것으로 생각한다. 그러면 얀테의 법칙이 고개를 똑바로 들고 균형을 맞추라고 할 것이다. 물론 적당히만 한다면 자신의 사회적 지위에 대해 이야기하는 것은 용인된다.

【 스웨덴스럽지 못함 】

세계 대부분의 지역에서 출신 국가를 대표하는 사람으로 생각되는 것은 좋은 일이다. 하지만 스웨덴에서는 그 반대다. 선조들로부터 내려온 '얀테'와 '라곰'으로 인해 많은 스웨덴 사람들은 내성적인 성격을 거부하고 자기표현을 하고, 이국적이며 스웨덴과 정반대의 색깔을 가지고 있는 것처럼 보이는 다채롭고, 활기차고, 즉흥적인 사람들을 흠모한다. 스웨덴 사람들에게 '스웨덴스럽지 못하다'라는 것만큼 긍정적인 칭찬은 없다.

갈등보다는 화합

대부분의 스웨덴 사람들은 갈등보다는 화합을 선호한다. 이는 업무 회의 또는 가정 내 대화 시 흑백 논리에 의한 투표보다

토론과 합의를 통해 모두를 만족시킬 수 있는 결정을 내리기 위해 노력한다는 의미다. 이러한 과정은 빠른 의사 결정을 원하는 외부인들에게는 시간 낭비이며 당황스러울 수 있다.

스웨덴 사람들은 갈등을 해결해야 하는 과제라고 생각한다. 스웨덴에서는 자기표현도 중요한 가치로 여겨지기 때문에, 그 균형을 맞추는 게 어려울 수 있으며 여기서 화합을 이루는 것이 중요해진다. 당신의 생각을 직설적으로 말하는 것은 상대방의 의견에 동의하는 것이라고 보기 어려우므로 이론적으로 서로의 이야기를 듣는 것이 갈등을 피하는 방법이다. 성숙한 어른이라면 의견 차이를 좁혀나갈 수 있다는 것이다. 다른 사람들에게는 그저 갈등을 회피하는 것처럼 보일 수 있지만 스웨덴 사람들에게는 서로에 대한 존중을 나타내며 화합을 이뤄내려고 하는 것으로 보일 것이다.

일반적으로 스웨덴 사람들은 구두 계약을 중요하게 생각하는데, 동의한 순간 절대 번복해서는 안 된다고 생각한다. 스웨덴 사법 체계에 따르면 증인이 있는 구두 계약은 법적 효력이 있다.

솔직한 스웨덴 사람들

화합을 이루기 위해 솔직하지 않아야 할 필요는 없으며, 솔직함 또한 스웨덴 사회에서 중요시되는 가치이다. 그러므로 너무 과장되게 이야기를 하는 사람들은 의심을 받을 수도 있다. 자신이 생각하는 것을 발언하는 것이 다른 문화권 사람들에게는 인정사정없다고 느껴질 수도 있지만, 스웨덴 사람들에게는 솔직함이 서로를 신뢰하고 존중하는 방법이다. 발언 내용이 개인적인 견해를 나타내면서도 타당하다면, 갈등으로 이어질 필요가 없는 것이다. 발언 내용에 제한은 거의 없는 편이다. 하지만 스웨덴 사람이 갈등 상황을 인지했을 때는 언어와 표현 방식이 덜 직접적으로 변한다.

솔직함은 사회 내 행동 양식에서도 그 모습을 드러낸다. 스웨덴에서도 당연히 거짓말과 도둑질이 존재하지만, 일반적으로 사람들은 최대한 솔직해지려고 노력한다. 겨울 길가에 장갑 한 짝을 떨어트렸을 때, 다시 그 길을 따라 가보면 주인이 장갑을 찾아갈 수 있도록 벤치 위에 올려져 있는 것을 볼 수 있을 것이다. 이처럼 카페나 가게에서 지갑이나 핸드폰을 잃어버렸다면 어떤 솔직한 스웨덴 사람이 계산대에 맡겨 놓고 갔을 확률이 높다. 여름 수영을 갔을 때, 모래사장에 내용물이 든 가방을 그대로 놓고 갔다 와도 없어진 것이 없을 것이다. 서로에 대한 신뢰가 낮은 문화권 출신 사람들은 스웨덴 사람들이 순진하다고 생각할 수 있지만, 스웨덴 사람들에게는 솔직함이 서로를 존중하고 안전한 사회를 만드는 데 필수적인 요소라고 생각한다.

질서 및 안전

스웨덴은 비교적 안전한 국가인데, 대체로 질서 및 안전이 우선시되기 때문이다. 스웨덴 거리는 일반적으로 환하고 안전하며, 대중교통은 보통 정해진 시간에 운영되며, 사람들은 대부분 자기 차례가 될 때까지 줄을 서서 기다린다. 스웨덴 사람들은 눔멜라프라고 불리는 번호표를 뽑는 제도를 도입하는데, 이는 사람들이 질서정연하게 기다리게 하기 위함이다.

안전벨트, 안전성냥, 보행기, 심박조율기, 지퍼 등 유명한 스웨덴 발명들은 개인 안전을 중요시하는 스웨덴 사람들의 사고방식을 반영한다. 그리고 당연하게도 정부는 '스웨덴 복지 모델'을 통해 국민연금, 의료 서비스, 보육 서비스, 노동자의 권리, 교육 등의 형태로 국민들에게 복지 혜택을 제공한다.

하지만 최근 한 보고서에 따르면 스웨덴 인구의 1/3 정도가 자신의 거주지가 안전하지 않다고 느낀다. 절도, 교외 지역에서의 폭동, 패거리의 총격, 무장 강도 등 사회 불안과 범죄가 상대적으로 적었지만 현재는 증가하는 추세다. 이로 인해 더욱 엄격한 법과 개선된 치안 유지, 무거운 형벌을 요구하는 목소리가 늘고 있다. 범죄와 형벌이라는 문제는 정당 사이 주요 쟁점으로 자리 잡았다.

스웨덴 복지 모델

스웨덴 복지 국가 개념은 1932년 처음 도입됐고, 스웨덴의 튼튼한 경제 덕분에 50년에 걸쳐 발전을 거듭했다. 제2차 세계대전 이후 스웨덴은 재빨리 무기 제조에서 전쟁의 여파에 시달리는 주변국들이 절실히 필요로 하는 제품 생산에 돌입했다. 게다가 스웨덴은 고도로 산업화된 국가로, 수력발전을 위한 수자원, 거대한 삼림, 북부 지역의 풍부한 철광석 매장량 등

원자재가 풍부하다.

스웨덴 복지 모델은 국민들에게 평생 동안 경제적 보호 장치를 제공하는 구조였다. 복지 모델을 통해 틀림없이 사회적으로 안전한 사회를 형성했지만, 요람부터 무덤까지 이어지는 복지 제도는 사람들이 현실에 안주해버리는 복지 국가를 형성할 뿐이라고 일부는 비판한다. 이런 규모의 프로젝트는 자금 조달이 필요한데, 이는 세금으로 충당한다. 스웨덴 세율은 세계에서 가장 높은 편에 속하는데, 개인 소득에 따라 0에서 57퍼센트까지 징수한다. 평균 소득세율은 32퍼센트 정도 된다. 사람들이 높은 세율에 불만을 표하지만, 대부분은 육아 휴직, 고용 권리, 실업 급여, 질병 급여, 연금, 무상 교육, 의료 보조금 등 그 대가로 받는 혜택에 대해 잘 알고 있다.

군주제에 대한 태도

2016년 설문조사에 따르면, 스웨덴 인구의 25퍼센트 정도가 군주제를 폐지하자고 주장한다. 현대적이며 평등을 추구하는 사회와 어울리지 않는 시대착오적인 제도라고 생각하기 때문

2016년 칼 구스타프 16세와 실비아 왕비가 스칸센을 방문하는 모습

이다. 나머지는 군주제를 지지하거나 적어도 묵인하는 쪽이었다. 군주는 헌법상 권력을 가지지 않으며, 칼 구스타프 16세와 독일 출신 실비아 왕비의 역할은 대부분 형식적인 것으로 국가 행사에 참가하거나 외교 행사 때 국가를 대표한다. 그들의 공식적인 거주지는 스톡홀름 올드타운에 위치한 왕궁이며 현재 주거지는 스톡홀름 외곽에 위치한 드로트닝홀름 궁전인데, 두 곳 모두 방문할 가치가 있는 곳이다. 자녀는 빅토리아 공주, 칼 필립 왕자, 그리고 마들렌 공주로 3명이다. 그 밖의 왕손도 많다.

스웨덴 왕위 계승에는 남녀 차별이 없어서 왕위 계승 서열 1위는 빅토리아 공주다. 울리카 엘레오노라 여왕(1718~1720년) 이래로 첫 여성 군주가 될 것이다. 2010년 빅토리아 공주는 현재 다니엘 왕자라고 불리는 자신의 개인 트레이너와 결혼했는데, 결혼식은 전 세계로 방영됐다. 그녀는 3명의 자녀가 있으며, 그중 에스텔레 공주가 다음 왕위를 계승하게 된다. 빅토리아 공주와 에스텔레 공주는 함께 앞으로 수십 년 동안 스웨덴 여성 군주로 통치하게 된다.

2019년 군주제를 현대화하고 그 비용을 줄이기 위해 칼 구스타프 16세는 손주 다섯 명의 왕실 의무를 경감해줬다. 그들은 작위를 유지하고 있지만 전하라는 호칭을 잃었고 더 이상 왕실 소속이 아니다. 이는 국가로부터 경제적 지원을 더 이상 받지 않는다는 의미이기도 하다.

스웨덴 귀족은 아직 존재하고 총 2만 6,000명에 이르지만, 오늘날 특권을 가지지는 않는다. 귀족 지위를 부여할 수 있는 왕의 권리는 1974년 헌법 개정으로 소멸됐다. 이름, 작위, 문장은 유지된다. 가문의 문장은 스톡홀름 올드타운에 위치한 리다르홀멘 교회, 그리고 귀족의 집에 전시되어 있다.

자연을 대하는 태도

스웨덴 사람에게 자연은 누구의 소유인지 묻는다면 그는 '국민 모두'라고 대답할 것이다. 이런 태도는 '알레만스레텐'이라는 개념 또는 개인 사유지에 출입할 수 있는 법적 권리에서 비롯된다. 소유권자를 방해하거나 재산을 손괴하지만 않는다면 휴양 및 운동 목적으로 공유지 또는 개인 사유지, 호수, 강에 출입할 수 있는 권리는 헌법에 의해 보장된다. 선원은 닻을 내리고 바닷가를 거닐고, 등산객은 등산을 하고, 야영객은 하루 동안 캠핑을 하고, 누구나 숲속을 걸어 다니면서 버섯과 열매를 딸 수 있다. 최근 외부인들이 시장에 내다 팔기 위해 숲속의 딸기류와 버섯을 모두 따가는 바람에 '알레만스레텐'의 의미가 훼손되고 있다. 스웨덴에서 대부분이 그렇듯이, 자연의 보물도 딱 필요한 만큼만 적당히 따가야 한다.

스웨덴 환경 보호 기관은 지켜야 할 행동 수칙이 담긴 6페이지짜리 브로슈어를 발행했다(www.swedishepa.se). 다음은 행동 수칙의 일부이다.

- 토지 소유권자를 방해하거나 주변 환경을 훼손하지 않는 이상 시골 지역에서 하루 또는 이틀 텐트를 칠 수 있다.
- 자연 대부분 지역에서 걷거나 스키를 탈 수 있다. 하지만 다른 사람들을 방해하거나 주변 환경을 훼손하지 않도록 주의해야 한다.
- 캠프파이어 자리를 불이 번지거나 토양 및 삼림에 손해를 입히지 않는 곳으로 정하는 것이 중요하다. 자갈이나 모래 사장이 제일 좋은 선택지다.

대부분의 스웨덴 사람들은 기회가 있을 때마다 탁 트인 공간을 걷길 좋아하며, 그들을 나무랄 사람은 없다. 스웨덴은 울창한 삼림, 훼손되지 않은 호수, 인상적인 산이 즐비한 축복받은 나라다. 공기는 상쾌하며, 물은 깨끗하다. 대자연에서 사람들은 자연을 숭배하고 사색을 즐긴다. 어떤 사람들은 삼림이 교회를 대신해 스웨덴 사람들에게 일종의 새로운 현대 종교가 되었다고 말한다. 이러한 이론은 다비드 투르피엘의 2020년 저서 『소나무 사람들』에서 더 깊이 탐구된다.

숲속에서 캠핑하는 모습

성적 자유

스웨덴 사람들은 다른 나라들에는 존재하는 종교적인 신념을 가지고 있지 않기 때문에 관계, 성적 관계, 결혼에 대해 현실적인 태도를 보인다. 성 관계 승낙 연령은 15세이며, 대부분의 부모는 성적 건강에 대해 자녀들과 편하고 솔직하게 대화를 나눈다. 대부분은 청소년의 이성 친구가 자고 가는 것에 대해 이상하게 느끼지 않는다. 성교육은 학교에서 의무적으로 가르친다.

틴더, 그라인더, 해피팬케이크 등 온라인이나 앱을 통해 만남을 가지는 것도 흔하다. 데이트를 할 때는 원하는 대로 흘러가지 않을 경우를 대비해 저녁 식사보다는 간단하게 술이나 커피 한잔을 하는 경우가 대다수이다. 남녀 모두 가벼운 성적 관계는 용인된다.

스웨덴에서 18세 이상이어야 부모 동의 없이 결혼할 수 있다. 강제 결혼은 불법이며, 1995년 이후로 스웨덴에서 동성혼이 법적으로 허용됐다. 매년 5만 쌍 정도가 결혼식을 올리면서 최근 결혼하는 커플들이 많아졌다.

스웨덴에서는 동거하는 사람들도 많은데, 도시의 높은 주거비용을 감당하기 위한 로맨틱하면서도 실용적인 방법이다. 결혼하지 않고 아이를 낳는 사람들도 많다. 동거인법에 따르면 동거인 사망 시 보호받을 수 있다.

스웨덴에서는 이혼도 마찬가지로 실용적이다. 스웨덴에서는 상대방이 거부해도 이혼을 할 수 있다. 이혼 신청서만 작성하면 된다. 6세 이하 자녀가 있는 경우 6개월 동안 결정을 유보할 수 있다.

동성애를 대하는 태도

앞에서 살펴본 바와 같이 성 소수자의 권리는 헌법에 명시되어 있으며, 스웨덴 사람들은 대체로 굉장히 개방적이며 일반적이지 않은 성적 지향을 가진 개인들을 존중한다. 하지만 시골 지역에 거주하거나 전통적이며 보수적인 가치를 추구하는 사람들은 부정적인 태도를 보일 수도 있다. 성전환자들에 대한 혐오 범죄가 발생하기도 하며, 그들에 대한 폭력성이 불행히도 증가하고 있다. 젊은 층은 이전 세대 사람들보다는 젠더와 성적 유동성에 대해 더 개방적인 경향이 있다.

2019년 스톡홀름 프라이드 퍼레이드에 참여한 여경들의 모습

일과 삶의 균형

역사적으로 스웨덴 사람들은 루터교의 영향을 받아 근면 성실하면 덕을 쌓고 구원을 받을 수 있다고 가르침을 받았다. 하지만 오늘날 스웨덴 사람들의 최대한 일과 삶의 균형을 찾으려고 하는 등 생각이 다르다. 기업들은 직원들의 업무 만족도를 높이기 위해 막대한 투자를 한다. 예를 들면 회사에 탁구대를 설치하고, 파티 룸을 제공하고 재미있는 이벤트를 스웨덴 내외에서 진행하는 것이다. 표준 업무 시간은 주당 40시간

이며, 대체로 업무 시간은 오전 8시에 시작해서 6시에 끝난다. 다수의 기업은 유연 근무제를 시행하기 때문에 직원들은 출퇴근 시간을 자유롭게 정할 수 있다. 어린 자녀가 있는 부모들은 대부분 오후 4시 정도에 퇴근한다. 스웨덴에는 국가 공휴일이 13일이다.

【 책임감이 따르는 자유 】

스웨덴 기업 대부분에서는 '프리헤트 운데르 안스바르(책임감이 따르는 자유)'라는 개념이 실현된다. 목표를 이룬다는 전제로, 그 목표를 이루는 방식은 상대적으로 덜 중요하며 개인 시간과 업무 스케줄을 자유롭게 계획할 수 있는 것이다. 이러면 보통 경영자가 사소한 일까지 관리하지 않아도 되며 다른 나라 기업에서보다는 직원들이 훨씬 더 유연하게 근무할 수 있는 것이다. 하지만 그렇다고 스웨덴 사람들이 스트레스를 안 받는 것은 아니다. 실제로 스웨덴 회사에서 번아웃, 스트레스 관련 질병이 많이 발생하는 편이다.

2020년 코로나바이러스 팬데믹 동안, 직원들은 가능할 경우 재택근무 지시를 받았다. 프리헤트 운데르 안스바르라는 개념이 이를 가능케 했다. 노동인구의 1/3 정도가 재택근무로 전환했고, 통계에 따르면 생산성도 증가했다.

워라벨을 우선시하는 것이 동기 부여에 부정적인 영향을 미칠 거라고 생각할 수도 있다. 물론 무임승차하거나 이러한 체제를 악용하는 사람들도 있지만, 대부분의 스웨덴 사람들은 자기 일에 헌신하며 큰 동기 부여를 받는다.

워라벨의 혜택이 있지만 스웨덴은 앞으로 도전 과제들을 마주하고 있다. 높은 세율과 노동 규정들로 인해 국제적으로 경쟁력이 떨어질 수 있다. 대도시의 임대료가 비싸고 주택 공급이 부족해서 젊은 인재 유치가 어려워진다. 스웨덴의 어둡고 추운 겨울도 해외 인재 유치를 어렵게 만드는 요인이다. 그렇지만 혹독한 겨울이 스웨덴 사람들의 높은 창의력을 설명하기도 한다. 길고 추운 계절에 예비 혁신자들은 집에서 기술을 연마하고 아이디어를 개발할 수 있도록 장려한다.

혁신과 사업가 마인드에 대해서는 국가가 벤처 기업이 실패했을 때 복지 혜택을 제공하기 때문에 사업가들이 실험을 하고 위험 부담을 떠안을 수 있다. 2020년 스웨덴은 유럽혁신지수 및 세계혁신지수에서 1위를 달성했다.

세계적으로 성공한 스웨덴 기업			
스포티파이	에릭슨	에이치앤엠	이케아
오틀리	볼보	일렉트로룩스	앱솔루트
리코델릭	제이린드버그	핫셸블라드	

· 칭찬과 겸손함 ·

업무 회의에서 동료에게 업무를 훌륭히 소화한 것에 대해 감사함을 표현했다.
나는 그녀가 칭찬을 정중히 받아들일 줄 알았다. 대신에 그녀는 자신이 맡은
일을 했을 뿐이고 그런 식으로 특별대우를 받는 게 불편하다고 했다. 그때서야
나는 팀원들 앞에서 누군가에게 칭찬하는 것이 적절하지 않은 행동임을 알게
되었다. 최근 이런 면에 변화가 생겼지만, 아직도 많은 스웨덴 사람들은 팀에서
돋보이는 것을 어색하게 생각한다. 얀테 귀신이 아직 근처에 맴돌고 있는 것일
수도 있다.

타인을 대하는 태도

스웨덴 사람들 사이의 신뢰는 매우 높다. 본능적으로 서로를 신뢰하는 것은 스웨덴 사람들뿐 아니라 유럽 그리고 미국인들까지도 그렇다. 하지만 다른 지역들 사람들에는 그렇지 않은 편이다. 그런 면에서 스웨덴은 다른 많은 사회보다 신뢰도가 높게 유지되고 있다. 이런 현상이 신뢰도가 상대적으로 낮은 문화권에서 이민 온 사람들에 어떤 영향을 줄지는 지켜봐야 하는 부분이다. 일반적으로 스웨덴 사람들은 매우 솔직하며 관광객 및 방문객을 잘 맞이해주며 다가가면 친근하고 기꺼이 도움을 줄 것이다.

03

풍습과 전통

스웨덴 사람들은 열정적으로 자신들의 풍습과 전통을 기념한다. 보통 축제 음식을 먹고, 술을 마시고, 전통 주가를 부르는 식이다. 대부분의 문화는 토속 신앙에서 비롯되고, 나머지는 기독교에 뿌리를 두고 있다. 5월 1일과 국경일 등 일부만 세속적이다.

스웨덴 사람들은 열정적으로 자신들의 풍습과 전통을 기념한다. 보통 축제 음식을 먹고, 술을 마시고, 전통 주가를 부르는 식이다. 대부분의 문화는 토속 신앙에서 비롯되고, 나머지는 기독교에 뿌리를 두고 있다. 5월 1일과 국경일 등 일부만 세속적이다. 스웨덴 사람들은 현지의 역사적인 축제들을 소중히 여기기도 하지만 다른 나라의 전통을 함께 기념하는 것에도 개방적이다. 밸런타인데인, 성패트릭 기념일, 할러윈 등 해외에서 유입된 공휴일도 최근 인기를 얻고 있다.

스웨덴의 한 해

공휴일 중 13일은 국경일이며 달력에 빨갛게 표시되어 있어서 '빨간 날'이라고 불린다. 빨간 날은 다음 페이지에 나오는 도표에 표시되어 있다.

일자	스웨덴 휴일	영문명
1월 1일	뉘오르스다겐	새해
1월 6일	트레톤데다그 율	예수공현절
1월 13일	슈곤데다그 크누트	크누트 힐라뤼마스
2월/3월	파스틀라그(페티스다그)	사순절(참회 화요일)
3월/4월	셰르토르스다그	세족 목요일('깨끗한 목요일')
3월/4월	롱프레다겐	성 금요일
3월/4월	포스크다겐	부활절
3월/4월	안난다그 포스크	부활 월요일(또 다른 부활절)
4월 30일	발보리스메소아프톤	발푸르기스의 밤
5월 1일	푀르스타 마이	노동절
5월 중순/말	크리스티 힘멜파르트스다그	승천절
5월 마지막 일요일	모르스 다그	어머니의 날
5월/6월	핑스트다겐	성령 강림절
6월 6일	스베리예스 나쇼날다그	스웨덴 국경일
6월 말	미솜마르스다겐	하지
8월 31일~ 9월 6일 사이 토요일	알라 헬곤스 다그	만성절
11월 11일	모르텐스고스	성 마르틴의 날
11월 두 번째 일요일	파르스 다그	아버지의 날
크리스마스 네 번째 전 일요일	아드벤트	강림절

일자	스웨덴 휴일	영문명
12월 10일	노벨다겐	노벨의 날
12월 13일	루시아다겐	성 루시아의 날
12월 24일	율라프톤	크리스마스 전날
12월 25일	**율다겐**	크리스마스
12월 26일	**안난다그 율**	크리스마스 다음날
12월 31일	뉘오르사프톤	섣달그믐

축제, 전통, 휴일

【 영명 축일 】

스웨덴에서는 하루하루에 이름이 붙여져 있다. 예를 들면 1월 2일은 스베아이며, 12월 31일은 쉴베스테르이다. 과거에는 영명 축일에 선물을 받기도 했지만 오늘날에는 소셜 계정에 메시지 혹은 게시글, 또는 전화 통화로 축하 인사를 전한다.

【 1월 】

새해

스웨덴에서의 새해는 조용하게 지나가는 휴일이며 대부분 집에서 피자를 시켜 먹는다. 하지만 다른 나라에서와 마찬가지로 새해 전야는 크게 기념한다. 친구와 가족들은 함께 모여 식사를 하고 즐겁게 놀며 자정에는 불꽃놀이를 구경한다. 자정이 지나고 나서는 핫도그에서 랍스터까지 간단한 야식을 먹는다. 매년 1895년부터 전해져 내려오는 관습으로 스톡홀름 옥외 박물관 스칸센 무대에서 유명 배우가 알프레드 테니슨 경이 쓴 시「종소리를 크게 울려라」를 스웨덴어로 크게 제창한다. 시 낭송이 전국적으로 방영되면서 도시 곳곳에 종이 울리고 밤하늘에는 불꽃이 터진다.

예수공현절

예수공현절(트레톤데다그 율)은 1월 6일로, 문자 그대로 크리스마스로부터 13번째 되는 날이다. 법정 공휴일이며, 많은 국가에서는 긴 크리스마스 휴가 기간의 끝을 가리킨다. 하지만 전통적으로는 스웨덴 사람들은 휴일은 일주일 연장해서 1월 13일까지 쉬어서 나무에 달린 크리스마스 장식을 떼어내고, 게임을 하고, 밥을 먹고, 술을 마시는 등 재미를 즐겼다. 이런 행사는 '슈곤데다그 크누트'라고 알려져 있는데 크리스마스로부터 20번째 되는 날을 일컫는다. 오늘날 스웨덴 사람들은 크리스

참회 화요일에 먹는 셈라빵

마스 장식을 떼고 주로 주말에 시간 날 때 나무를 폐기한다.

【2월】

페티스다겐 또는 참회 화요일은 아몬드 페이스트로 채우고 크림이 올라간 사순절 빵을 먹는 것으로 기념한다. 셈라(복수형은 셈로르)로 알려진 이 맛있는 빵은 스웨덴에서 가장 인기 있는 페이스트리 중 하나다. 인기가 많아서 빵집에서도 새해가 지나고 나서부터 3월 말 정도까지 밖에 판매하지 않는다. 전통주의자들은 이에 대해 이 빵은 참회 화요일에만 먹어야 한다고 주장하기도 한다.

【 3월~4월 】

부활절

부활절에는 토속 신앙과 종교가 섞이기 마련이다. 세족 목요일에는 아이들은 머리에 수건을 둘러 묶고, 얼굴에 색칠하고 긴 치마를 입고 다채로운 색의 마녀로 둔갑해 집마다 다니며 사탕을 요구한다. 스웨덴 전통문화에 따르면 부활절에 마녀들은 블루 마운틴에 악마를 만나러 날아가 돌아올 수 없다. 그 사탕들이 그들을 달래준다고 한다. 일부 지역에서는 부활절을 맞이하기 전 토요일에 상징적으로 모닥불을 피워 마녀들이 접근하지 못하도록 한다. 부활절 달걀에 그림을 그리는 것은 모두가 즐거워 한다.

날은 아직 춥지만 점점 따뜻해진다. 자작나무 잔가지를 실내로 들여와 밝게 물들인 깃털과 다채로운 달걀로 장식한다. 잔가지는 마녀들의 빗자루, 깃털은 날아가는 발상을 나타낸다는 이야기가 있다.

정기적으로 교회에 가는 사람들이 많지 않아서 부활

안 무서운 부활절 '마녀들'

절 4일 휴일은 마지막 스키 여행을 가거나, 시골 저택에 머무르거나 봄맞이 청소를 하거나 배를 띄울 준비를 한다.

전통 부활절 음식은 캐비어, 새우, 삭힌 청어를 곁들인 연어와 삶은 달걀이다. 양고기, 햄을 먹는 사람도 있다.

발푸르기스의 밤

칼 16세 구스타프의 생일이기도 한 4월 30일 성 발부르가 만찬 전야인데, 사람들이 스웨덴 여러 지역에서 모닥불에 모여 봄을 맞이하는 노래를 부른다. 대부분의 경우 비가 오거나, 진

스톡홀름 시청을 배경으로 하는 발푸르기스의 밤 모닥불

눈깨비가 흩날리는 등 날씨가 좋지 않다. 발푸르기스의 밤은 그다음 날이 공휴일이기 때문에 젊은 층 사이에서 술을 진탕 마시고 왁자지껄 즐기는 밤이다.

【5월】

노동절

5월 1일은 대부분 유럽 지역에서 노동절인데, 노동자들의 권리 운동으로부터 비롯됐고, 법정 휴일이다. 조용하고 기념적인 휴일이다. 대부분의 정당 및 노동조합 대표와 의원들은 각자의 배너를 들고 모여 인근 공원에서 하는 연설을 듣기 위해 거리를 행진한다. 이런 행사에 관심이 없는 스웨덴 사람들에게는 대체로 많은 사람들이 반기는 휴일이자 실외 카페에서 지인을 만날 수 있는 날이다.

그리스도 승천일

그리스도 승천일(크리스티 힘멜스페르스다겐)은 부활절 이후로 40일가량 지난 시기로 5월 휴일이다. 항상 목요일에 휴일이기 때문에 대부분의 스웨덴 사람들은 금요일에 휴가(휴일 사이에 긴 평일을 뜻하는 '클렘다그')를 사용한다.

【6월】

국경일

스웨덴 국경일인 6월 6일은 1523년 구스타프 1세 바사가 왕위에 오른 날을 기념한다. 스톡홀름에 위치한 옥외 박물관 공원인 스칸센에서 열리는 기념행사에서 국왕은 다양한 시민 단체 대표에게 깃발을 건네준다. 국왕은 대중을 초대해 스톡홀름 궁전을 구경할 수 있도록 한다. 평소에는 입장료 없이 온종일 개방되어 있다. 스웨덴 전역에는 국기가 휘날리며 지자체는 행사를 준비한다.

2014년 스웨덴 동부 노르셰핑에서의 국경일 기념행사

하지 축제

하지 축제는 아마도 스웨덴에서 가장 중요하게 기념하는 휴일일 것이다. 6월 24일과 가장 가까운 주의 금요일에 기념하는데, 이때는 최북단 지역에 온종일 해가 떠 있는 시기이다. 사람들이 시골 저택에 가서 동네는 텅 비고, 가게와 식당도 영업을 안 하는 곳이 많다.

오전 중에 축제 기둥에 매달거나 머리에 쓰는 화관으로 짜기 위해 들꽃을 모은다. 사람들은 모두 모여 때로는 아코디언과 바이올린을 전통 노래를 부르고, 춤을 춘다. 삭힌 청어, 얇은 비스킷, 햇감자 등의 뷔페인 스모가스보드가 나오고, 중간

하지 때 올로프스트룀 시장에서 기념 기둥 주위에서 춤을 추는 모습

중간에 노래를 부르고, 보드카 종류가 가미된 강한 술을 마시고, 건배를 한다. 이날이 시끌벅적하며 차가운 물에서 알몸으로 수영을 하는 등 아무런 제약을 받지 않는 기념일이라는 의미가 되기도 한다. 디저트는 크림 또는 아이스크림을 곁들인 생딸기이다. 전통에 따르면 잠들기 전 베개 밑에 일곱 가지 다른 종류의 들꽃을 놓고 자면 꿈에서 미래 남편을 볼 수 있다고 한다.

【8월】

가재 파티

8월 중순부터 9월 초 사이에는 가재 파티가 한창인 시기다. 되도록 파티는 실외에서 진행된다. 가재는 소금물에 갓 딴 딜을 올려 요리하며, 빨갛게 반짝이는 조개껍데기에서 가재 살을 발라내기 위해서는 후루룩 빨아들이면서 먹어야 한다. 이런 이유로 가재 파티에서는 노래를 부르며 독주, 그리고 나서 약주로 맥주를 한바탕 마신다. 가재 파티는 술에 취해 즐기는 파티인 경우가 많다. 사람들은 원뿔 모양의 우스꽝스러운 파티 모자를 쓰고 종이 턱받이를 하고, 나무 또는 파라솔에는 활짝 웃고 있는 보름달처럼 종이등이 줄줄이 달려 있다.

삭힌 청어 통조림 개봉식

유튜브에서 도전자들이 욕설을 퍼붓고 토를 하면서 냄새나는 생선을 먹는 챌린지 영상을 본 적이 있을 것이다. 그들이 먹는 것은 스웨덴 특산물 수르스트룀밍으로, 바로 삭힌 청어 통조림이다. 삭힌 청어 통조림은 먹을수록 좋아하게 되지만, 대부분의 스웨덴 사람들조차 피하는 음식이다. 이를 즐기는 사람들은 실외에서 냄새나는 생선에 독주 한 잔, 플랫 브레드, 삶은 감자, 사워 크림, 치즈 등을 곁들여 먹는다. 삭힌 청어는 발효 과정으로 인해 곧 터질 듯한 통조림에 들어 있다. 그래서 용기를 여는 행위 자체가 예술이다. 톡 쏘면서도 구역질나는 악취를 풍기기 때문에 절대 실내에서 열면 안 된다. 수르스트룀밍은 1500년대에 가난한 사람들이 먹던 값싼 음식에서 비롯됐다. 1800년대에 들어서 부유층이 먹기 시작하면서 일품요리라는 평판을 얻게 됐다.

【 10월 】

만성절

만성절은 10월 30일 이후 첫 토요일에 기념한다. 사람들은 세상을 떠난 가족들의 무덤이나 추억의 나무 앞에 화환과 오랫

동안 타는 촛불을 둔다.

성 마틴 축일

11월 11일에 열리는 잔칫날로 남부 지역에 위치한 스코네 주에서 가장 유명한 휴일이다. 원래는 투르의 성 마틴이었지만, 지금은 마틴 루터를 기리는 휴일이 되었다. 법정 휴일은 아니다. 대체로 오리 피와 향신료로 만든 짙은 색의 수프 다음에 구운 오리고기를 먹는다.

재림절

크리스마스 4주 전부터 스웨덴 사람들은 재림절 촛불을 한주에 한 개씩 켠다. 창가에 전자 재림절 촛불 거치대를 올려두어 어둠을 밝히기도 하는데, 2월까지도 그 자리에 둔다. 재림절 동안에 마을 광장에는 다채로운 크리스마스 마켓들이 많이 열린다. 설탕과 향신료를 넣어 데운 와인과 생강 쿠키를 내오는 옥외 파티도 열린다.

성 루시아 축일

12월 13일에 스웨덴에 방문 중인데다가 일찍 일어났다면 아름다운 스웨덴 전통을 보게 될 것이다. 이른 아침 산타 루시아가 하얀 가운을 두르고 허리에는 빨간 띠, 머리에는 철제관 위에 촛불이 타오르는 채로 걸어 다닌다. 하얀 옷을 입은 하녀, 추종자들과 함께 그녀는 천천히 어둠을 밝힐 것이다. 환하게 빛나는 행렬은 스웨덴 전역의 교회에 들러 공연을 열고 회사, 병원, 노년 가정을 방문하기 위해 이따금 걸음을 멈춘다. 대부분의 경우 와인(글로그)을 마시며, 루세카테르라고 알려진 사프란 빵을 먹는다.

성 루시아 관련 전통의 기원을 찾기란 어렵다. 기독교 순교자 루시아, 그리고 아담의 첫째 아내 루시아에 대한 스웨덴 전설이 섞인 듯 보인다. 성 루시아 축일은 오늘날 대부분 아이들과 젊은 성인들이 참여하는 축제이며, 대부분의 스웨덴 사람들은 루시아 찬양과 노래 가사를 전부 알고 있다. 루시아는 전통적으로는 여성이며, 학우들에 의해 뽑힌다. 하지만 전통주의자들은 최악의 모습을 드러내곤 한다. 어쩌다가 사람들이 탐내는 역할에 남자아이가 뽑히는 경우, 이에 항의하는 시위가 떠들썩하게 이어졌다. 그런데 흥미로운 사실은 1820년대에 첫 루시아로 뽑힌 사람은 남자였다. 2016년 피부가 검은 남자아이가 스웨덴 올렌스 백화점 홍보 차원으로 루시아를 연기했을 때, 페이스북에는 혐오스럽고 인종차별적인 댓글들이 300개 가까이 달렸다. 일부는 유색인종인데다가 남자인 루시아를 받아들이기 어려웠던 모양이다.

크리스마스

크리스마스(율)는 전날 기념하며 사람들은 율클랍이라는 선물을 교환한다. 지푸라기 염소 율보크가 있는 집들이 많은데, 중세 시대에 선물을 염소가 나눠준 것에 기원을 두기 때문이다. 크리스마스이브는 쌀죽, 양념된 맥아빵 뵈르트브뢰드, 치즈로 구성된 아침으로 시작한다. 3시까지 기다린 후에 온 가족이 텔레비전 앞에 둘러앉아 월트 디즈니 크리스마스 특집 애니메이션을 본다. 스웨덴에서는 이 프로그램을 「칼레 앙카」라고 하는데, 바로 도널드 덕이다. 이 프로그램은 1959년부터 매년 방영됐다. 프로그램이 끝나면 크리스마스 할아버지 톰텐이 선물을 나눠 준다. 톰텐은 보통 빨간 로브, 가짜 수염, 모자로 분장한 부모, 친구, 이웃이다. 어떤 가족들은 선물마다 라임이나 수수께끼가 있어서, 선물을 풀기 전에 풀어야 한다.

전통적인 크리스마스에 늦은 점심이자 이른 저녁은 다음과 같다. 삭힌 홍어(실), 훈제 연어, 간 파테, 훈제 소시지, 차가운 돼지갈비가 나오는 뷔페, 발효되지 않은 바삭한 빵과 여러 가지 치즈, 작은 핫도그, 미트볼, 감자와 안초비 캐서롤 그라탕 얀손의 유혹, 클로브로 양념한 적양배추, 크리스마스 햄 등 찜 요리가 있었다. 디저트는 신선한 과일 또는 '리쌀라말타^{Ris a la Malta}'라는 쌀 크림을 먹는다. 어른들은 맥주, 와인, 스납스를 마신다. 스납스는 모두가 함께 전통 스납스 노래를 부르면서 마신다.

그날 저녁 아직도 배가 고프다면 룻피스크 한 접시를 먹어도 된다. 룻피스크는 흰 살 생선을 건조시키고 수산화나트륨 용액에 넣었다가 차가운 물에 적신 후에 끓여 젤리 같은 농도로 만든 음식이다. 녹인 버터나 크림소스를 듬뿍 발라 나온다.

크리스마스 당일은 이른 아침부터 교회 예배로 시작된다. 가족들이 함께 시간을 보내는 날로 조각 그림 퍼즐, 보드게임을 하거나 책을 읽고, 긴 산책을 하거나 영화를 보러 간다. 크리스마스에 먹는 음식은 전통과는 살짝 거리가 있는데, 전날 남은 음식을 먹거나 거위, 칠면조 요리 또는 식당 요리를 포장해서 먹기도 한다.

크리스마스 다음 날

크리스마스 다음 날(안난다그 율)인 12월 26일은 법적으로 공휴일이며, 대부분은 여유를 즐긴다. 새해를 따뜻한 곳에서 보내기 위해 해외여행을 떠나는 사람도 많다.

세계적인 시상식

스웨덴에는 영화, 연극, 음악 등 부문에서 국내 시상식도 꽤 있는 편이다. 스웨덴에서 처음 시작된 세계적 시상식도 3개 있다.

【 폴라 음악상: 5월 】

아바의 매니저이자 작사가였던 고 스티그 앤더슨은 음악 창작과 발전에 있어서 눈에 띄는 성과를 기리기 위해 폴라 음악상을 만들었다. 상금은 100만 스웨디시 크라운으로 매년 5월 방영되는 시상식에서 스웨덴 왕이 수여한다. 폴라 음악상 수상자로는 메탈리카, 폴 매카트니, 조니 미첼 등이 있다.

【 스톡홀름 물상: 8월 】

스웨덴 왕이 직접 수여하는 또 다른 상은 스톡홀름 물상이다. 이 상은 수자원 보존 및 보호, 지구 및 지구인의 안녕에 기여하는 개인이나 단체에 수여한다. 시상식과 왕궁 만찬은 8월 세계 물의 주에 스톡홀름 시청에서 개최된다.

【 노벨 기념일: 12월 10일 】

노벨상은 1896년 처음 만들어졌다. 매년 12월 10일 스톡홀름에서 열리는 특별 기념행사에서 문학, 물리학, 화학, 약학, 생리학 분야에서의 우수성을 인정한다. 노벨상은 세계에서 가장 권위 있는 상이라고 여겨진다. 수상자로는 알버트 아인슈타인, 마리 퀴리, 토니 모리슨 등이 있다. 노벨상은 1833년 10월 21일 태어나 1896년 12월 10일 세상을 떠난 스웨덴 기업가, 엔지니어, 화학자이자 다이너마이트 발명가인 알프레드 노벨의 유산이다.

노벨은 세상을 떠나면서 '한 해 동안 인류에게 가장 큰 혜택을 가져다준 사람들'에게 매년 상을 수여할 수 있도록 3,100만 스웨디시 크라운에 달하는 유산을 기금에 유증했다.

존경받는 수상자들을 기리기 위해 스톡홀름 시청에서 성대한 만찬이 열린다. 연설, 공연, 그리고 만찬은 생방송으로 방영된다. 일부 스웨덴 사람들은 텔레비전 앞에 모여, 옷을 차려입고 호화로운 식사를 동시에 먹는다(노벨평화상은 오슬로에서 유사한 기념식에서 수여된다).

가족 행사

【 출생, 세례, 견진 성사 】

스웨덴 아동의 40퍼센트 정도가 세례를 받으며 15세 이하 아동의 30퍼센트 미만이 견진 성사를 받는다. 세례 및 견진 성사 이후 가족과 친척들은 선물을 들고 집이나 교회 홀에서 열리는 연회에 참석한다.

【 졸업식 】

미국 고등학교에 상응하는 김나지움 졸업식은 통과 의례다. 졸업식 당일에는 가족과 친구들이 학교 밖에 모여 졸업생의 어릴 적 사진이 크게 인쇄된 대형 플래카드나 포스터를 긴 막대기에 걸어 들고 서 있다. 고별 행사가 끝난 뒤 졸업생들은 학교 건물 밖으로 뛰어나오고 건물 밖에 서 있던 군중은 환호성을 지른다. 졸업생들은 대형 트럭 뒤쪽에 올라타 음악이 크게 틀어져 있고 술판이 벌어지는 거리로 향한다. 졸업 기념 가족 연회에 갔다가 나중에 친구들끼리 파티를 하러 간다.

【 약혼식 】

약혼한 커플은 왼손에 끼는 약혼반지를 교환한다. 두 번째 반지는 결혼식 때 교환한다.

때로는 결혼식 전날 약혼한 커플의 친구들이 당사자들을 장난으로 '납치'하여 공공장소에서 재미있는 상황에 처하도록 하는데, 그때 느끼는 창피함은 상황마다 다르다. 보통 저녁을 먹고 술을 마시면서 끝난다.

【 결혼식 】

스웨덴에서 성적 지향과 관계없이 결혼은 모두에게 동등하다. 스웨덴 결혼식의 1/3은 교회에서, 나머지는 결혼식장에서 진행된다.

신부들은 동성혼 결혼을 거절할 수 있다. 그런 경우 교회 측은 다른 신부를 찾는 것을 도와줄 의무가 있다. 교회에서 올리는 이성 간 결혼식의 경우에도 신부의 아버지가 신랑이 기다리고 있는 제단까지 에스코트하기보다는 커플이 함께 걸어간다. 신부는 한 남자가 다른 남자에게 건네는 소유물이 아니기 때문이다.

결혼식 뒤에는 보통 다른 장소에서 연회가 열리는데, 신혼부부는 마지막에 와서 꽤 늦게까지 즐거움을 만끽한다. 그동안 누군가 축사를 하거나 노래를 할 수 있고 보통 건배를 제의하는 사람이 행사를 진행한다. 연회가 끝나려면 오랜 시간이 걸린다는 의미다. 여성들은 결혼식에 갈 때 검은색 옷을 입지 않는데, 이는 불운이라고 생각하기 때문이다.

【 장례식 】

장례식은 신문에 게재되어 교회의 장례 시간 및 장소를 알 수 있다. 고인을 묻기 위한 땅이 녹는 데 시간이 너무 많이 소요될 수 있어서 합리적인 선택으로 화장하는 사람들이 많다.

조문객은 한 명씩 관 옆을 지나는데, 관은 열렸거나 닫혀 있을 수 있다. 관을 지나면서 그 위에 꽃 한 송이를 올려놓고 엄숙하고 진지하게 한 바퀴를 돈 후에 자리로 돌아온다.

종교

스웨덴 교회는 2000년 국가로부터 분리되었는데, 노르만계 주변국들과 달리 공식 국가 교회가 없다는 의미다. 스웨덴이 루터교에서 세속적인 국가로 바뀌었지만, 인구의 58퍼센트가 아직도 (대부분 수동적으로)스웨덴 교회 교인이다. 이들은 전국 3,700여 개 교회를 보존하고 세례, 결혼식, 장례식, 축제 등의 전통을 유지하기 위해 소득의 1%를 세금으로 낸다. 스웨덴 교

양식화된 사미족 텐트처럼 지어진 키루나의 목조 교회는 단독으로 서 있는 종탑으로 인해 '유목민의 성지'로 여겨진다.

회 다음으로 자유교회가 그 다음으로 큰 종교 단체이다. 자유교회는 복음주의, 오순절, 감리교 및 침례교 전통에 기반으로 하는 독립적인 신교독 조직이다. 스웨덴 옌셰핑주 주변 지역은 자유교회 활동이 활발해서 스웨덴의 기독교 지대라고 알려져 있다. 유대교, 힌두교, 시크교, 불교 같은 다른 종교도 활발히 활동하고 있다.

【 이슬람교 】

기독교를 제외하고 규모가 가장 큰 종교 집단은 이슬람교다. 스웨덴에는 특수 목적으로 만들어진 사원이 9개 있고, 첫 번째는 1984년 말뫼에 지어졌다. 스웨덴에서는 사람들의 종교적 신념을 기록하는 것이 불법이기 때문에 공식적인 통계 기록은 없지만, 이슬람교도가 20만 명 정도 되는 것으로 예상된다.

스웨덴에 있는 대부분의 이슬람교도들은 이라크, 이란, 보스니아-헤르체고비나, 터키, 레바논, 코소보에서 온 사람들이다. 대부분의 이란·이라크 출신은 1980년부터 1988년까지 이어진 이란-이라크 전쟁 중 난민 신분으로 들어온 사람들이다. 두 번째로 규모가 큰 이슬람교 집단은 유럽 동부, 그중에서도 과거 유고슬라비아 지역 출신 이민자 또는 난민으로 구성되어 있다. 소말리아 출신도 꽤 많은 편이다. 그다음으로 시리아, 아프가니스탄 난민이 현재 급증하고 있다.

04

친구 사귀기

스웨덴을 여행객으로 방문할 때 단기간에 친구를 사귀기란 어렵지만, 대부분의 스웨덴 사람들이 다정하고 친절하다는 것을 알게 될 것이다. 또한 스웨덴 사람들은 도움이 필요해 보이는 사람에게 손을 내미는 것을 주저하지 않는다. 스웨덴 학교에서 영어 교육이 이루어지며 영어 방송이 더빙 대신 자막이 달리기 때문에 스웨덴 사람들은 대체로 영어를 굉장히 잘 구사한다.

스웨덴에서 친구 사이의 우정은 매우 중요시되며, 스웨덴 친구가 있다면 아마 평생 친구로 남을 확률이 높다. 사교적이며 발이 넓은 사람들도 있지만, 대부분의 스웨덴 사람들은 가까운 친구 몇 명으로 만족한다. 흔히 유치원이나 학교를 같이 다닌 어렸을 적 친구들과 어울린다. 스웨덴에서는 친구 사이 유대감이 강하고, 특히 대부분의 스웨덴 사람들이 새로운 친구를 사귀는 데 들일 시간이 없다고 생각하기 때문에 외부인들이 그 친구들 틈에 끼는 것이 어려울 수도 있다. 스웨덴 사람들은 회사 또는 사교 모임, 스포츠나 취미 활동 등을 통해 새로운 친구를 사귄다.

스웨덴을 여행객으로 방문할 때 단기간에 친구를 사귀기란 어렵지만, 대부분의 스웨덴 사람들이 다정하고 친절하다는 것을 알게 될 것이다. 스웨덴 사람들은 도움이 필요해 보이는 사람에게 손을 내미는 것을 주저하지 않을 것이다. 왜냐하면 그 사람이 혼자 문제를 해결하거나 필요하면 도움을 구할 거라고 생각하기 때문이다. 스웨덴 학교에서 영어 교육이 이루어지며 영어 방송이 더빙 대신 자막이 달리기 때문에, 스웨덴 사람들은 대체로 영어를 굉장히 잘 구사한다.

업무 및 사회생활

업무와 사생활은 대부분의 경우 분리되어 있지만, 미혼 직장인들 사이에서는 금요일 퇴근 후 모임에 참석하는 사람들이 많고, 실제로 동료 사이에서 연인이 되는 경우도 있다. 배우자 또는 자녀가 있는 사람들은 '편안한 금요일 저녁'을 뜻하는 '프레닥스뮈스'를 즐기기 위해 서둘러 집으로 향한다. 보통 온 가족이 텔레비전 앞에 모여 감자칩과 피자, 타코 등의 배달 음식을 먹는다. 타코를 먹는 일이 너무 흔하다 보니 '타코 금요일'이라는 말도 생겼다.

스웨덴 기업에서는 팀빌딩이 회사 생활에서 중요한 부분이다. 고용주는 직원들이 개인적으로 친해질 수 있도록 사내 파티, 야유회, 주말 휴가 등에 많은 투자를 한다. 불편하고 어색하다고 생각하는 사람들도 있겠지만, 업무적 인맥을 형성하기 위한 행사도 많이 열린다.

보통 스포츠 또는 취미 동호회에서 새로운 사람들과 만나고 어울린다. 스웨덴은 동호회 활동이 다양하며 체계적으로 이루어진다. 특정 운동을 하거나 새로운 언어를 배우고, 독서 동호회에 참여하거나 합창단에 가입하는 등 그 종류가 다양하

다. 스웨덴 사람들과 친해지고 싶다면, 동호회에 가입하는 것을 강력히 추천한다.

【운동】

스웨덴 사람들은 대체로 운동을 좋아하기 때문에, 운동을 하면 스웨덴 사람들과 친해질 수 있다. 겨울에는 헬스장과 운동장이 사람들로 꽉 차고 인네반뒤(플로어볼), 농구, 핸드볼, 실내축구 등 단체 스포츠, 스쿼시, 배드민턴 등 라켓으로 하는 운동도 흔하다. 미국의 패들 테니스paddle tennis와 비슷한 라켓 운동으로 멕시코패들이 있는데, 그 코트가 스웨덴 전역에 우후죽

인네반뒤 또는 플로어볼은 빠른 형태의 실내 플로어 하키다.

순으로 생겨나고 있다. 여름에는 뛰거나, 스웨덴을 가로지르는 코스나 호수에서 카약을 탄다. 골프를 치는 사람도 많은데, 실제로 스웨덴 인구 중 50만 명 정도가 골프 클럽 회원이다.

【 동호회 가입 】

스웨덴 사람들은 동호회 가입을 즐긴다. 외국인들도 친구를 사귀기 위해 인터넷에서 검색만 하면 쉽게 동호회에 가입할 수 있다.

• 뉘아 콤피스뷔론Nya Kompisbyran: 커피를 마시거나 저녁을 먹으면서 스웨덴을 처음 방문한 사람들에게 도움을 제공

- 리틀 베어 어브로드Little Bear Abroad: 피크닉이나 약속 등 행사를 기획해서 외국인 가정이 스웨덴에서 편안하게 지낼 수 있도록 도움을 제공
- 인테르나쇼넬라 베칸트스카페르Internationella Bekantskaper: 스웨덴어를 구사하는 사람과 스웨덴어를 배우는 사람을 매칭해 주는 단체
- 콤피스 스베리예Kompis Sverige: 스웨덴 사람들과 외국인을 매칭해 오래 지속될 교우 관계를 형성

- 인테르나숀스^{Internations}: 스웨덴에 거주하는 외국인들끼리 인맥을 형성하는 단체
- 다양한 상공회의소

복장

스웨덴 사람들의 복장은 극과 극이다. 편하게 입는 것을 좋아하는 사람부터 최신 유행에 민감한 사람들까지 매우 다양하다. 그런데 스웨덴 사람들에게서 찾을 수 있는 한 가지 공통점은 단정하게 잘 차려입고 다닌다는 것이다. 스웨덴을 방문하는 사람들은 스웨덴 사람들이 잘 차려입고 다니는 것을 보고 놀랄 정도다. 스웨덴에서는 특히 젊은 도시 남자들이 자신의 외모에 관심을 가지는 것을 당연하게 여긴다. 대부분의 스웨덴 남자들은 머리를 감거나, 목욕이나 샤워를 할 때 필요한 남녀 공용 제품을 사는 데 불편함을 느끼지 않으며, 컨실러처럼 남자들만을 위한 화장품들이 있다. 스웨덴은 에이치엔앰, 칩먼데이, 플리파케이, 타이거, 아크네, 누디 등 전 세계적으로 유명한 패션 브랜드들을 탄생시켰다.

어떤 회사에 다니는지에 따라 다르지만, 보통 편한 차림새로 출근한다. 회사에서 청바지에 티셔츠를 입는 게 가능하다. 편하게 슬리퍼나 버켄스탁을 신고 있는 사람들도 있다. 양복이나 격식 있는 옷차림은 법조계나 은행 업계 등 전통적인 업계 종사자들이 많이 입는다.

스웨덴에는 "날씨가 문제랴. 복장이 문제지"라는 말이 있다. 겨울에는 따뜻한 의류, 모자, 장갑, 그리고 온열 부츠가 필수다. 실내에서 신을 용도로 신발을 하나 더 마련해 먼지와 녹은 눈이 안으로 들어오지 않도록 한다.

【 차려입기 】

회사에 출근할 때는 조금 편하게 입을지언정, 놀러 나갈 때는 조금 더 차려입는 편이다. 파티에 초대받았을 때 스웨덴 남자들은 재킷에 넥타이를 매거나, 유행하는 셔츠에 짙은 색의 청바지를 입는다. 여자들은 반짝이거나 무늬가 화려한 옷이나, 클래식하게 검은색 드레스를 입을 수 있다. 남녀 둘 다 겨울에는 짙은 색의 옷을 입고, 여름에는 옅은 색을 입는다. 격식 있는 저녁 파티에 초대되었을 때 남자들은 짙은 색의 양복 또는 재킷을 뜻하는 카바이를 입는다. 여자들은 스타일리시한 드레

직장인들은 단정한 캐주얼 복장을 입는 것이 일반적이다.

스나, 블라우스에 스커트를 입는다.

흔하지는 않지만 차려입고 가야 하는 자리에는 남자들은 턱시도에 검정 넥타이, 여자들은 이브닝 가운을 입는 스모킹 룩이 요구된다.

인사말

스웨덴어로 '헤이Hej'는 안녕하세요를 뜻하고, '헤이 도Hej då'는 안녕히가세요를 뜻한다. '헤이'를 작별 인사로도 쓸 수 있는데,

스웨덴어를 잘 모르는 사람들에게는 혼란을 줄 수 있다. '해주세요' 또는 '고맙습니다'라고 하고 싶다면 '타크Tack'라고 하면 된다.

스웨덴 사람들은 누구를 부를 때 성을 붙이는 경우는 거의 없고, 대부분 이름으로 부른다. 그리고 '사장님', '이사님' 등의 직함도 선호하지 않는다.

업무 또는 사교 모임에서는 악수를 하면서 동시에 자신의 이름을 말하는 것이 일반적이다. 인원이 10명 정도인 사교 모임에 한해서는 늦게 도착한 사람이 미리 도착한 사람들에게 다가가 자신을 소개한다. 눈을 마주치는 것이 중요하다. 스웨덴 사람들은 안면이 있는 사람들과는 가벼운 포옹을 한다. 입을 맞추는 것은 일반적인 인사법은 아니다.

관광객에게 친절한 스웨덴 사람들

일반적으로 스웨덴 사람들은 관광객들을 좋아하며 스웨덴의 아름다운 마을과 시골 지역에 자부심을 느낀다. 모두 영어를 유창하게 구사하며, 독일어, 스페인어, 페르시아어, 아랍어 등 다른 언어를 할 줄 아는 사람도 많다. 당연히 그 나라 언어를 할 줄 알면 유리한데, 스웨덴어를 구사하는 것이 스웨덴 문화를 이해하고 그 사람들과 잘 어울릴 수 있는 가장 좋은 방법이다. 이민자들을 위한 스웨덴어 수업이나 외국인들을 위한 무료 스웨덴어 수업이 있다.

집으로 초대하기

스웨덴 사람의 집에 초대를 받는 경우 꽃, 초콜릿, 와인 등의 작은 선물을 들고 가는 것이 관례이다. 꽃을 선물하는 경우 스웨덴 사람들은 일반적으로 초대받은 집에 들어가기 전에 꽃집 주인의 종이 포장지를 제거한다.

15분 이상 늦는다면 호스트에게 문자를 보내거나 전화를 해서 그 사실을 알려야 한다. 일찍 도착하는 것은 일반적으로 용납되지 않는다. 도착하면 저녁을 먹기 전에 '웰컴 드링크'를 권할 것이다.

지인과 함께 방문하는데 식사 자리가 이미 정해져 있다면, 아마 지인 바로 옆에 앉지 못할 확률이 높다. 대화의 흐름을 잘 이어가기 위함이다. 그리고 호스트는 가급적 게스트를 남녀 순서로 앉힐 것이다.

'후세쉰^{husesyn}'이라고 호스트의 집을 구경하는 시간이 주어질 것이다.

【 현관에서 신발 벗기 】

대부분의 스웨덴 집에서는 물, 진흙, 자갈 등이 집 안으로 들어가지 않도록 현관에서 신발을 벗는 것이 관례이다. 그렇기 때문에 스웨덴 사람의 집에 초대되는 경우 양말이 깨끗하고 구멍이 나지는 않았는지 확인해야 한다. 집 안에서 신을 가벼운 신발을 챙겨 오는 사람들도 있다. 이것은 스웨덴 사람들에게 당연한 일이며, 영국인과 미국인들이 밖에서 신던 신발을 안에서도 신는 것을 보고 깜짝 놀라는 사람들이 많다.

【 예의 】

스웨덴 식사 자리에서는 보통 격식을 차리지 않는다. 하지만 그렇지 않은 저녁 식사 자리는 꽤 형식적인 편이다. 게스트는 호스티스, 그리고 호스티스가 부재한 경우 호스트의 왼편에 앉는다. 여성 게스트 왼편에 앉은 남성은 파트너 혹은 수행원으로서 여성의 요구사항을 들어줘야 한다. 이 에스코트 서비스는 저녁 식사 자리에서뿐만 아니라 저녁 내내 계속된다.

또 다른 의식으로 건배가 있다. 호스트나 호스티스가 자신의 와인잔을 들고 환영의 인사말을 건네며 건배를 제의하기 전까지 그 누구도 먼저 마시면 안 된다.

스웨덴 사람들은 왼손에는 포크, 오른손에는 나이프를 들

• 스웨덴에서 건배하는 방법 •

먼저 셔츠 세 번째 단추 높이의 가슴뼈 근처로 잔을 든다. 호스트 또는 호스티스가 인사말을 마무리하고 '스콜'이라고 외치면, 잔을 들고 똑같이 '스콜'이라고 외치면서 그 또는 그녀를 향해 잔을 살짝 기울인다. 테이블에 앉아 있는 사람 한 명 한 명과 천천히 눈을 마주친다. 그리고 호스트 또는 호스티스와 동시에 와인을 한 모금 마시고 잔을 다시 가슴 높이로 가져오고, 잔을 내려놓기 전에 다시 그 또는 그녀, 그리고 테이블에 앉아 있는 사람들과 눈을 마주친다. 그러고 난 다음에는 마음대로 마셔도 되고 더 이상 건배를 기다리지 않아도 된다. 노래가 곁들여지는 경우에는 노래가 끝나고 첫 모금을 마시기 전까지 잔을 가슴 높이에 들고 있는다.

고 식사를 한다. 버터나이프는 혼자 쓰거나 다른 게스트와 함께 쓴다. 보통 와인, 맥주, 물, 독주 등을 위해 자리에는 잔이 여러 개 놓여 있을 것이다.

저녁 식사 내내 와인이 제공되지만 모두가 마시지는 않는다. 한 가지 이유는 스웨덴 음주운전 단속법이 엄격하기 때문이다. 음주운전 혈중알코올농도 기준은 0.2mg/ml이다. 혈중알코올농도가 이보다 높은 상태로 적발되면 처벌이 무겁다(188페이지 참고). 그렇기 때문에 연인 중 한 명이 운전하거나 둘 다 술을 마셨을 경우 택시를 탄다.

집에 초대받은 다음 날에 호스트에게 감사의 인사말을 전하는 것이 예의라고 생각한다. 간단하게 전화를 하거나 스마일 이모티콘과 함께 문자를 보내면 된다.

피카: 커피 타임의 미학

스웨덴 사람들은 하루에 평균 3.2컵의 커피를 마셔 세계에서 커피를 가장 많이 마시는 나라에 속한다. 외국인들이 스웨덴으로 이주해갈 때 가장 처음 배우는 단어가 '피카'일 정도이다. '피카'는 케이크와 커피를 즐기는 휴식 시간인데, 커피 한 잔보다는 중요한 문화 현상을 의미한다. 피카는 앉아서 저녁 식사를 먹는 것보다 편안한 분위기에서 진행되기 때문에 많은 사람들이 사람을 사귀는 데 사용하는 방법이다. 스웨덴 사람들은 대부분 동네 카페나 빵집에서 친구들과 '피카'를 즐기거나, 서로를 집으로 초대해 커피와 직접 만든 음식을 먹는다. 스웨덴 마을에는 최신 유행하는 커피를 제공하는 장인들의 카페나 전국 체인점이 즐비하다. 스타벅스가 2010년에야 처음 영업을 시작하고 아직까지도 시장 점유율을 늘리기 위해 고군분투할 정도로 스웨덴 커피 시장은 뚫기 어렵다. 사내에서는 모두가 참석할 수 있도록 아침, 점심에 피카를 진행한다. 편하게 동료들을 만나서 회사 내 떠도는 소문을 들을 수 있고, 모두가 참여할 수 있다.

05

일상생활

스웨덴 주거 환경은 보통 현대적인 인테리어이며 환하고 깨끗하다. 봄에는 상쾌한 공기가 들어오도록 창문을 활짝 열어 놓고, 겨울에는 촛불을 켜고 안락하고 따뜻한 분위기를 형성한다. 다른 어느 나라보다도 1인당 튤립을 가장 많이 구매할 정도로 굉장한 인기이다.

삶의 질

스웨덴 사람들은 모던하며 깨끗하고 밝은 환경을 굉장히 중시한다. 삶의 질, 생활 수준을 우선시한다. 스웨덴 주거 환경은 보통 모던한 인테리어에 환하고 깨끗하다. 봄에는 상쾌한 공기가 들어오도록 창문을 활짝 열어 놓고, 겨울에는 촛불을 켜고 안락하고 따뜻한 분위기를 형성한다. 다른 어느 나라보다도 1인당 튤립을 가장 많이 구매할 정도로 굉장한 인기이다. 주택과 아파트는 보온이 잘 되어 있고, 창문은 3중 유리로 외풍이 들어오는 것을 방지한다.

재활용 혁명

2019년 16세 스웨덴 기후 운동가 그레타 툰베리는 유엔 연설에서 "지구에 불이 났어요"라는 인상 깊은 말을 남겼다. 그레타처럼 대부분의 스웨덴 사람들은 기후 변화를 우려한 덕분에 재활용 및 재사용에 대한 관심이 높아졌다. 매년 스웨덴 가정에서 배출하여 처리해야 하는 쓰레기는 450만 톤에 달한다. 동네에는 신문지, 판지, 캔, 유색 유리, 무색 유리, 단단한 플라스틱, 배터리 등을 위한 재활용 통이 마련되어 있다. 이중 절반 정도가 소각되어 아파트 건물 난방 및 버스 연료를 위한 에너지로 전환된다. 대부분의 주택 및 아파트 건물에는 음식물 쓰레기를 위한 퇴비통이 마련되어 있다.

1994년부터 스웨덴에는 캔과 플라스틱 병을 폐기하는 판트 제도가 있었다. 재활용을 하면 돈을 돌려받는 시스템이다. 이로 인해 스웨덴 사람들은 그냥 폐기됐을 병과 캔 18억 톤을 매년 재활용한다.

2020년 스웨덴 정부는 급격히 비닐봉지세를 올렸는데, 효과가 즉각적이고 현저하게 나타났다.

사람들이 서로 물건을 교환할 수 있는 복고풍 중고 자선 가게도 재사용 네트워크 혹은 앱만큼이나 인기를 누리고 있다. 에스킬스투나 마을에 위치한 레투나라는 쇼핑몰은 세계 최초 재활용 쇼핑몰로, 기후 변화에 대처하는 방식으로 쇼핑에 혁명을 일으켰다. 오래된 물건은 수리 또는 업사이클링을 거쳐 새로운 삶을 살게 되는 것이다. 이곳에서 판매되는 물건은 모두 재활용·재사용되거나 유기농으로 또는 지속 가능한 방식으로 생산된다.

주거 환경

스웨덴 인구의 대부분은 남부 지역, 그리고 스톡홀름, 고텐버그, 말뫼 등 주요 도시에서 한 시간 거리에 거주한다. 인구의 절반 정도는 주택에, 또 다른 절반은 아파트에 거주한다. 어떤 주거 형태든 배관 및 난방 시설은 실내에 있다. 주택은 각 가구의 중앙난방 시스템, 아파트의 80퍼센트 이상은 '지역난방 시스템'으로 실내 온도를 높인다. 지역난방 시스템은 시외의 대규모 공장에서 열을 만들어낸 뒤 지하 파이프를 통해 건물 안으로 분배하는 친환경적인 시스템이다. 1990년대 초 개인 오일 탱크에서 지역난방으로의 전환이 아마도 스웨덴의 온실가스 배출을 줄이는 데 유일하고 가장 중요한 요소였을 것이다. 열난방 그리고 태양열 난방도 새로 짓는 건물에서 자주 보인다.

멀리 떨어진 시골 지역에도 새로 지어진 주택들이 있지만, 대다수는 대중교통 및 다른 생활 편의 시설 등을 누릴 수 있는 교외의 주택 개발 단지에 지어진다. 주택은 보통 주차를 위한 진입로와 개인 정원이 있다. 교외 지역 근처에서 산책을 하다 보면, 트램펄린과 잔디깎이 기계가 있는 정원의 다채로운 목재 주택들을 볼 수 있을 것이다.

스웨덴 아파트는 규모가 작다. 독립성과 자립성을 중시하는 스웨덴 사람들의 가치를 반영하듯, 스웨덴 가구 중 1인 가구는 40퍼센트 정도로 유럽연합 중 가장 많기 때문이다.

대부분의 아파트 건물은 정원 가구가 공용 정원, 바비큐 공간, 그리고 관심 있는 사람들을 위해 야채를 재배할 수 있는 공간 등의 공용 공간이 있다. 파티 공간이나 손님들을 위해 대여해주는 침실이 있는 경우도 있다. 더 오래된 아파트 건물에는 공용 세탁실이 있는 반면, 새로 지은 건물에는 세탁기와 건조기가 각 가구마다 설치되어 있다. 모든 아파트에는 지하실이나 다락에 스키 용품, 여행 가방, 기념품 상자 등을 보관하는 창고가 있다. 계단과 복도는 화재 안전으로 인해 공간이 확보되어야 하지만 대부분의 경우 신발, 유모차, 스쿠터, 킥바이크 등으로 어수선하다.

겨울에 스웨덴에서 산다면, 길고 뾰족한 고드름과 무거운 눈 덩어리가 지붕 아래로 갑자기 떨어져 위험할 수 있다는 점을 알아둬야 한다. 건물주는 고드름과 눈을 치워야 하며 보도에 표지판이나 바리케이드를 설치함으로써 보행자에게 잠재적 위험을 경고해야 한다. 거리의 눈은 잘 치워져 있으며 스톡홀름 일부 지역에서는 보도가 가열된다.

이웃들은 대부분 익명으로 현관 출입문이나 공용 게시판에 쪽지를 붙여 서로 소통한다. 이로 인해 직접적인 대면 방식보다는 수동적인 공격 방식으로 서로에게 화를 표출하는 '화난 쪽지'라는 '아르갈라펜'이라는 것도 등장했다. 각자의 건물에 붙어 있는 쪽지를 사진으로 찍어 올리는 용도의 사이트가 있을 정도로 자주 볼 수 있다(www.argalappen.se).

대부분의 아파트에는 발코니가 있고, 날씨가 좋아지면 주민들은 발코니에서 햇빛을 즐긴다. 발코니에서 숯불구이를 해

먹는 것은 된다. 사람들은 일반적으로 서로를 존중하며 서로의 아파트 내부를 쳐다보지 않는다.

건축

대표적인 스웨덴 건물로는 특색 있는 목조 주택부터 매우 모던한 레지던스까지 다양하며, 건축 및 인테리어 디자인은 많은 스웨덴 사람들의 관심사이다. 이케아를 탄생시킨 나라라는

시골 지역에 위치한 전통적인 빨간 목조 주택의 모습

것을 생각하면 어쩌면 당연한 일이다.

오래된 도시에는 19세기 건물들이 잘 보존되어 있다. 치장 벽돌 세공, 높은 창문, 타일을 바른 벽난로, 높은 천장 등의 품격 있는 인테리어로 한 번쯤 살아보고 싶은 곳이다. 전후 시기에는 증가하는 인구를 수용하기 위해 주택이 100만 호 공급됐고, 건물은 그 당시의 브루탈리스트 양식으로 디자인되었다. 대부분은 개조되었지만, 일부는 아직 허름한 모습을 유지하고 있다. 2000년부터 2010년까지 부동산 호황이 한차례 더 있었는데, 이때 건물들은 현대적인 자재로 지어졌고 넓은 발코니와

활기찬 스톡홀름 쇠데르말름 구역에 다채로운 도시 주택의 모습

큰 창문으로 일조량을 극대화했다. 새로 지어진 아파트는 대부분 탁 트인 공간에 부엌과 거실이 포함되어 있다. 수상 건축 지역으로는 스톡홀름의 쇼스타덴 등 과거 도클란스 지역과 말뫼에 베스트라함넨이다. 2010년대에는 고층 건물이 인기를 끌었는데, 스톡홀름의 변화하는 스카이라인을 보면 잘 알 수 있다.

스웨덴 시골지역은 다양한 시기의 건축양식을 볼 수 있는 곳이다. '헬싱란드의 장식 농장가옥'은 1800년대 헬싱란드 지방의 부유한 농촌 사회의 스웨덴 전통 건축 기술을 보여준다.

방문객에게 공개된 아름다운 가옥 40개 중에서 7개는 유네스코 세계문화유산에 등재되어 있다. 스웨덴 전통 건축 양식의 또 다른 예는 스코네 지방의 백색 도료를 바른 기다란 주택과 달라르나 지방의 녹슨 듯한 붉은 목조 주택이다.

집 구하기

스웨덴에서 장기간 머무르는 경우, 특히 도시에서 임대 아파트 구하는 것이 어려울 수 있다. 가까스로 구한다고 해도 굉장히 많은 금액을 지불해야 할 것이다. 매수인이 최소 예치 금액으로 해당 부동산 가격의 15퍼센트를 지불해야 한다. 그런데다가 대출금 일부를 의무적으로 분할 상환해야 하기 때문에 아파트 매입은 경제적으로 큰 부담이 된다. 그렇긴 하지만 대부분의 스웨덴 사람들은 아파트 또는 주택을 소유하고 있다. 스웨덴에서 아파트를 매입하면 세입자 조합의 주식을 매입하고, 월별 이용료를 내야한다. 주민들은 해당 건물과 공용 공간을 공동으로 소유하고, 월별 이용료로 건물을 유지·관리한다. 아파트를 매입하기 위해서는 세입자 이사회의 승인을 받아야 한다는 의미이다. 그러기 위해서는 신용 및 범죄 기록 조회를 거쳐야 한다. 거절되는 경우는 거의 없다.

아파트 또는 주택 매물을 찾기 가장 좋은 사이트는 www.hemnet.se 다. 대부분의 경우 집을 구경할 수 있고, 때로는 개인으로도 집 구경을 예약할 수 있다. 도시에서는 주택 공급 부족으로 인해 집이 빨리 나가기 때문에 입찰을 할 수 있도록 돈을 미리 준비해놓는 것이 좋다. 입찰 경쟁은 흔히 있는 일이며, 아파트는 주로 제시 가격보다 20~30퍼센트 높은 가격에 팔린다. 입찰을 따내는 경우 며칠 안에 계약서를 작성하게 된다. 이 계약서는 법적 효력이 있다. 실제 매입 문서는 그로부터 2~3개월 후 열쇠를 받고 이사를 할 때 작성한다.

스웨덴 임대 시장은 마치 정글과 같다. 현지 관계자 및 부동산 조합은 임대하는 매물을 많이 보유하고 있다. 이른바 '직접 임대차 계약'을 하기 위해서는 대기 명단에 이름을 쓰고, 어떤 경우에는 20년까지도 기다려야 한다. '중개 임대차 계약'으로 아파트 매입과 직접 임대차 계약 사이의 격차를 메울 수 있다.

이러한 중개 계약은 확실하지 않거나 단기 체류일 때나 여행, 혹은 동거인과 거주할 때 많이 이용한다. 이런 유형의 임대 아파트는 대부분 가구가 갖춰져 있다. 참고할만한 사이트가 몇 개 있다(www.bostadsportal.se, www.bostaddirekt.com, www.homeq.se).

【 가구 및 가전제품 】

집을 매입하는 경우에도 난로, 냉장고, 냉동고는 보통 함께 제공된다. 조명은 그렇지 않다. 가스 및 전기세, 디지털 텔레비전, 고속 데이터 통신망, 와이파이는 세입자가 업체에 바로 지불할 수 있다. 이동 통신 연결망이 크게 발달했고 광범위하기 때문에 대부분의 아파트에는 유선 전화가 없다.

스웨덴 전기 코드는 둥근 갈래가 두 개이기 때문에 유럽연합 이외의 지역에서 왔다면 어댑터가 필요하다.

신분증 및 거주

스웨덴 국적자라면 증명사진이 있는 신분증이나 운전면허증에 개인 식별 번호가 있을 것이다. 이런 신분증명서는 의료 서비스, 자동차 대여, 학교 등록, 아파트 매입, 은행 업무 등에 사용된다. 유럽연합 역내 출신에게는 스웨덴에서 체류하고 일을 할 수 있는 권리가 주어지지만, 국세청에 스웨덴 개인 식별 번호 발급을 신청해야 한다.

유럽연합 역외 출신이 스웨덴을 방문하고자 한다면, 사전에 체류 허가를 받아야 한다. 체류 기간에 따라 허가증이 달라진다. 90일 미만으로 체류한다면 비자를 신청해야 하고, 90일 이상이라면 관광객 체류 허가증을 신청해야 한다. 자세한 정보는 www.migrationsverket.se 를 참고하라.

하루 일과

스웨덴 성인들은 보통 오전 6~7시 정도에 일찍 기상하며, 직장인인 경우 8시~8시 30분이면 회사에 도착해 있다. 더 일찍 일어나 가족들이 일어나기 전의 여유를 즐기기도 한다. 바로 운동을 하러 가는 것이 아니라면 아침은 스무디, 오트밀죽, 햄, 살라미, 치즈에 때로는 오이나 토마토를 곁들인 빵, 비스킷과 버터 등을 먹는다. 완숙 또는 반숙 계란, 요구르트, 발효 우유, 과일, 오렌지 주스, 우유, 차 또는 커피가 있다.

스웨덴에서는 점심에 따뜻한 음식을 먹는 일이 이례적이다.

레스토랑에서 저렴한 가격에 식사를 하고 싶다면 점심이 좋다. 스웨덴 전통 식당은 그날의 특별 요리로 흔히 버터 바른 빵, 샐러드, 주 요리, 음료를 제공한다. 이런 레스토랑은 일반적으로 스웨덴 전통 가정식을 제공한다. 스시, 타코, 카레, 하와이안 포케 등을 제공하는 식당도 있다. 주말에는 브런치 먹는 것이 유행이다.

주중에 저녁은 부모들이 자녀들을 아이스하키, 댄스, 축구 활동에 데려가는지에 달렸다. 그렇지 않다면 오후 6시 정도에 저녁 식사를 한다. 보통 파스타, 미트볼 또는 생선 요리를 먹는다. 저녁을 먹고 나서 스웨덴 사람들은 남은 일을 마저 하거나 자녀들과 함께 시간을 보낸다. 주중에는 10시 30분에서 11시 사이에 잠자리에 든다.

부부 관계

스웨덴 사람들은 평등이라는 가치를 중요시하기 때문에, 가사는 한쪽 성별에 국한된 활동이 아니다. 스웨덴 가정에서는 육아와 가사를 공평하게 분담한다. 물론 '공평함'의 의미를 해석

하기 나름이지만 말이다. 스웨덴 남성들은 요리, 육아, 청소, 세탁을 거든다. 여성이 남성보다 소득이 높을 수도 있고 장기간 출장으로 인해 집을 비울 수도 있다. 그렇지 않다면 전통적인 사고방식을 가지고 시대에 뒤진 것으로 생각된다. 스웨덴 사회는 성평등이라는 가치, 그리고 남녀 모두 직장생활을 활발히 하는 것을 장려하기 때문에 아이를 가지는 것이 장애물이 아니며 돼서도 안 된다. 스웨덴에서는 오히려 전업주부를 보기 힘들다.

성평등이라는 가치를 존중하기 위해서 여러 제도가 시행되고 있다. 예를 들면 스웨덴은 전 세계를 통틀어 유급 출산 휴가를 가장 많이 주는 나라이다. 부모 중 한 명은 자녀 한 명당 480일에 달하는 유급 출산 휴가를 받는다. 우리가 앞서 본 것처럼 부모는 그중 각각 90일을 할당받는다. 만약 유급 출산 휴가를 사용하지 않는다고 해도 다른 한쪽에게 양도할 수 없다. 오늘날 남성들은 유급 육아휴직일 수의 30퍼센트를 사용하며, 대부분의 스웨덴 마을의 거리와 공원을 둘러보면 잘 알 수 있다. 남성들이 유모차를 밀며 테이크아웃 커피를 마시는 모습이 여기저기에서 보이며, 그들은 '라떼 아빠들'이라고 불린다.

스웨덴 근로계약법 덕분에 부모들은 직장에서의 자리를 지킬 수 있다. 아이를 출산했다고 해서 자신의 커리어가 끝나는 것이 아니라 잠시 쉬어가는 것뿐이라는 의미이다. 대부분의 부모들은 아이가 18개월 정도 됐을 때 어떤 형태로든 직장에 복귀하고, 아이들은 국가 지원 유치원에 가게 된다. 한 명이 출근하면서 아이를 유치원에 데려다 놓으면, 다른 한 명이 일찍 퇴근해 귀갓길에 아이를 데려오는 게 일상이 된다. 물론 한부모 가정인 경우 상황이 더 힘들 수 있다. 부모가 아픈 아이를 위해 연차를 내야 하는데 아이가 12세 미만인 경우, 금전적 지원을 받을 수 있다. 자녀가 12~15세인 경우 의사의 진단서가 필요하다. 해당 금전적 지원은 한쪽 성별에 국한되지 않고 누구든 받을 수 있다.

스웨덴에 부모가 수백만 명 되는 만큼 육아법도 그만큼 다양하다. 부모들은 '소통하는 육아법'으로 접근하는 경우가 많다. 부모들은 자녀에게 권위주의적으로 접근하기보다 그들과 대화하는 것을 선호한다. 아이들은 의도적으로 결정권을 부여받고 어릴 때 발언권을 행사할 수 있다는 것을 배운다. 이것은 가정에서 학교 체제까지 이어지는데, 아이들이 자기표현을 하도록 장려한다. 스웨덴 아이들은 처음부터 선생님들과 서로를 세례명으로 부를 만큼 친하다.

학교생활

스웨덴 사회에서 교육은 중요하게 생각되는 부분이기 때문에 국세로 운영된다. 1~5세 아이들은 대부분 국세로 운영되는 유치원에 다니기 시작한다. 유치원 수업 시간은 보통 오전 6시부터 오후 6시까지다. 6~19세 아이들이 다니는 유치원부터 고등학교까지의 수업, 그리고 보통 중식까지도 전부 국세로 제공된

다. 학교는 월요일부터 금요일까지 고학년은 하루 최대 8시간, 저학년은 최대 6시간 수업을 하고, 각 지방자치단체가 세워 놓은 일정표 및 시간표에 따라 운영된다. 6~13세 아이들은 방과 전후 돌봄 수업도 받는다.

스웨덴 인구의 90퍼센트 정도가 고등 교육을 받는다. 대학 교육도 무상으로 제공되지만 학생들은 숙박과 생활에 필요한 비용을 지불해야 하기 때문에 대부분 저금리 대출을 받는다. 그리고 유럽연합 회원국 출신 학생이라면 무상으로 교육을 받을 수 있지만, 다른 지역 출신들은 이에 해당되지 않는다. 더 나아가 실업자 재훈련, 외국인 적응 훈련, 학교 수업을 보충하고 싶은 성인 학습자 지원 등을 목표로 하는 정부 지원 교육 프로그램들도 있다.

06

/

여가생활

스웨덴 사람들은 일 년 내내 야외 활동을 즐긴다. 겨울에는 뽀드득거리는 눈길을 산책하고, 숲길에서 스키를 타고, 꽁꽁 언 호수에서 스케이트를 탄다. 길고 아름다운 여름에는 조깅, 하이킹, 수영, 소풍을 즐긴다. 겨울은 스웨덴의 추위와 어둠을 벗어나 해외로 여행 가기에 시기 적절하며, 스웨덴 사람들은 아주 멀리까지도 여행을 떠난다. 카나리아 제도, 미국, 태국 등이 인기 여행지다.

여가

스웨덴 사람들은 최소 5주에 달하는 유급 휴가 및 다수의 공휴일 등의 자유 시간이 많은 편이다. 여름에는 소풍, 운동 경기, 또는 길가 카페에서 사교 모임을 가지는 등 야외 활동을 최대한 많이 하려고 한다. 젊은 층은 때로 동네 공원에 모여 술을 마시기도 하는데, 밤이 되면 소란스러워지기도 한다. 겨울에는 극장, 박물관에 가거나 외식을 한다. 브런치는 주말에 즐기는 특식이다. 일 년 내내 사람들은 즐겁게 운동을 하고 실내외 스포츠 활동에 참여한다.

스웨덴 사람들은 일 년 내내 야외 활동을 즐긴다. 겨울에는 뽀드득거리는 눈길을 산책하고, 숲길에서 스키를 타고, 꽁꽁 언 호수에서 스케이트를 탄다. 길고 아름다운 여름에는 조깅, 하이킹, 수영, 소풍을 즐긴다.

겨울은 스웨덴의 추위와 어둠을 벗어나 해외로 여행 가기에 시기적절하며, 스웨덴 사람들은 아주 멀리까지도 여행을 떠난다. 카나리아 제도, 미국, 태국 등이 인기 여행지다.

정원 가꾸기를 즐기는 사람들도 많다. 최근 도시농업이 유행하면서 도시 주민들이 창가의 화단, 옥상, 공용 정원에서 야

농장을 가꾸는 즐거움

채를 기르고 있다. 일부는 꽃, 허브, 야채 등을 기를 수 있는 주말농장을 소유한다. 이렇게 개인 농장을 소유하고자 하는 사람이 많아서 일부 지역에서는 대기 시간이 20년까지 늘어난 상황이다.

【 해변가 】

여름이 오면 스웨덴 사람들은 바닷가로 떠난다. 기온이 15도 이상으로 오르자마자 사람들은 바다로 뛰어든다. 스웨덴 도처에 위치한 호수에서 냉수욕을 하거나 예테보리, 스톡홀름 근처 바위투성이 해안선에서 다이빙하는 모습을 볼 수 있다.

스웨덴에는 모래사장도 많은데, 일부는 상업화된 반면 일부는 때 타지 않은 곳이다. 고틀란드섬의 토프타, 올란드 섬의 뵈다 산드, 할란드 지방의 튈뢰 산드, 라플란드 지방 피테오의 피테 하프스바드 등이 인기 있는 해변가다. 스웨덴의 최고 수온은 피테 하프스바드에서 주로 기록되는데, 북쪽 지역임을 고려하면 믿기 힘든 사실이다. 스웨덴 최남단 지역의 산드함마렌은 모래 언덕과 길게 뻗은 백사장이 있어 스웨덴의 최고 해변가로 여러 차례 수상한 바 있다. 세계적인 스릴러 TV 드라마 시리즈인 「월랜더」의 주인공 커트 월랜더 형사가 활약하는 곳

여름철 스코네 지방 동해안의 오후스 해안의 모습

이기도 하다.

산드함마렌에서 해안가를 따라 걷다 보면 코세베리아 마을이 나온다. 이 마을을 내려다보는 언덕 정상에 올라가면 알레스 스테나르가 보일 것이다. 알레스 스테나르는 거대한 바위 59개로 이루어진 초기 철기 시대 건축물로, 67미터에 달하는 배 모양을 그리고 있으며 발트 해가 보이는 전망이 참 아름답다. 대략 1400년 전 세워진 것으로 알려져 있으나 그 목적은 아직도 수수께끼로 남아 있다.

【테마파크】

상설 테마파크로는 스톡홀름의 그뢰나 룬드와 예테보리의 세베리가 있다. 맥주 정원, 콘서트홀, 레스토랑 그리고 손에 땀을 쥐게 하는 놀이 기구 등이 있다. 다른 테마파크로는 스카라의 스카라 솜말란드, 스몰란드의 아스트리드 린드그렌스 월드, 예블레의 푸루빅스파르켄 등이 있다. 스톡홀름에서 남쪽으로 대략 한 시간 거리에 위치한 콜모르덴 야생동물 공원은 북유럽 국가 관광지 중 가장 인기 있는 곳이다.

【게임】

온라인 게임은 스웨덴에서 인기인데, 아마도 겨울이 길고 칠흑같이 어둡기 때문일 것이다. 스웨덴은 세계 최대 디지털 페스티벌 드림핵을 개최하는데, 매년 30만 명 이상의 온라인 게임 팬을 불러 모은다. 마인크래프트, 배틀필드, 캔디 크러쉬 사가 등 세계적으로 성공한 게임들도 스웨덴에서 개발된 것이다. 스웨덴 게이머 퓨디파이는 유튜버 구독자 1억 700만 명을 보유하고 있다.

【대중문화】

일 년 중 가장 추울 때 스웨덴 사람들은 텔레비전 시청을 많이 한다. 드라마나 영화를 제외하고도 운동 경기, 리얼리티 프로그램, 퀴즈 쇼, 음악 방송 등의 프로그램을 즐겨 시청한다. 「멜로디페스티발렌」은 스웨덴에서 가장 인기 있는 텔레비전 프로그램이다. 매년 2월과 3월 토요일에 여섯 차례 방영하는 음악 경쟁 프로그램으로, 5월 국제 유로비전 송 콘테스트에서 스웨덴을 대표할 곡을 국민들이 직접 선정하게 된다. 이 방송은 1959년부터 거의 매년 방영되었고, 오늘날 스웨덴 인구의 절반 가까이가 결승전을 시청하기 위해 본방을 사수한다.

위대한 대자연

스웨덴 사람들은 자연 속에서 내적 평화와 조화를 찾기 때문에 그 둘을 분리하기란 어렵다. 그들은 취미로 하이킹을 하고, 숲 속을 산책하고, 야생 딸기를 줍는다. 크로스컨트리 스키, 자전거, 말 등을 타거나, 걷거나, 뛰거나, 조깅을 하는 길이 여러 도시에 있다. 스웨덴 관광 재단은 사렉국립공원처럼 최북단에 위치한 국립공원 길가에 오두막들을 마련해 도보 여행

스웨덴 북부 숲 속에서 열매를 따는 모습

자들이 아주 적은 하루를 머무를 수 있도록 한다. 앞서 살펴본 바와 같이 스웨덴 사람들은 헌법에 명시된 '자유롭게 돌아다닐 수 있는 권리'에 따라 봄가을에 버섯을 따러 가거나 배를 타고 스웨덴 군도 내 2만 5,000개에 달하는 섬 사이를 누비는 등 육지 또는 해안 지역 어디든 자유롭게 여행할 수 있다. 스웨덴에는 호수가 9만 6,000곳 이상 있으며, 국경선도 대부분 해안가이기 때문에 어부들에게도 지상 낙원이다.

자연으로 돌아가는 방법으로 스웨덴 인구 180만 명은 '솜마르스투가'라는 여름 별장에서 시간을 보낸다. 이 여름 별장은 매우 간소하다는 점이 여러 매력 중 하나인데, 원시적인 야외 화장실이 있는 경우도 있다.

스포츠를 좋아하는 스웨덴 사람들

스포츠클럽이나 모임에 등록한 사람이 310만 명 이상일 정도로 스웨덴은 스포츠를 좋아하는 나라다.

관중이 가장 많은 스포츠로는 겨울에 아이스하키, 여름에 풋볼이 있다. 골프, 핸드볼, 인네반뒤(플로어볼), 사냥, 낚시, 테니

크로스컨트리 스키를 하는 모습

스 또는 아이스 스케이트, 자전거, 카약, 배 등을 타는 것도 인기 스포츠 종목이다. 크로스컨트리 스키와 활강 스키를 타는 사람들이 굉장히 많고, 아이들이 걷기 시작하자마자 스키 타는 것을 보면, 스웨덴 사람들은 스키 타는 것을 좋아하는 유전자를 가지고 태어나는 것 같다. 스키 리조트로는 오레와 셀렌을 많이 찾는다. 반뒤는 아이스하키와 유사한 스포츠인데, 스웨덴에서만 찾아볼 수 있고, 겨울 축구라고도 불린다. 인네반뒤는 반뒤의 실내 버전으로 1960년대 후반이 돼서야 생겼다.

스웨덴 사람들은 머릿속에 목표를 정한 후 운동하기를 좋아하며 체계적인 레이스가 여러 차례 펼쳐진다.

- 예테보리스바르베트: 예테보리에서 펼쳐지는 하프 마라톤 대회로, 6만 4,500명이 참가하는 세계 최대 규모의 연례 달리기 대회다.
- 스톡홀름 마라톤: 1만 8천 명이 참가하는 스웨덴 최대 규모의 마라톤으로, 매년 6월에 개최된다.
- 더 미드나잇 레이스: 보통 8월에 개최되며, 쇠데르말름 섬 주위 10킬로미터를 달리는 대회가 매우 인기다. 참가자는 1만 6천 명이며 축제 분위기가 난다. 8월에 스톡홀름, 9월에 예테보리와 말뫼에서도 개최된다.

발트해 남부에서 2일간 펼쳐지는 라운드 고틀란드 경주에 참가한 요트들의 모습

- 모라 바살로페트: 3월 첫째 주 일요일에 개최되는 세계에서 가장 오래된 크로스컨트리 스키 대회로, 1만 6천 명이 참가하여 90킬로미터의 험한 길에서 스키를 탄다.
- 셰이밀렌: 스톡홀름 내 여성 전용 달리기 대회로, 8월 말에 개최된다.
- 터프 바이킹: 북유럽 국가 내 가장 크고 잔인한 장애물 달리기 대회로 8월 스톡홀름에서 개최된다.
- 스톡홀름 산타 런은 12월에 열리며 모든 참가자들이 산타 클로스로 분장하는 자선 행사이다.

다른 지역에서 여러 가지 소규모 행사가 진행되기도 한다.

【 스웨덴 클래식 서킷 】

스웨덴 클래식 서킷은 12개월 동안 4개의 도전 분야에서 장거리 내구 레이스를 완주한 사람들에게 수여하는 수료증이다. 해당 레이스는 세계에서 가장 길고, 오랜 역사를 자랑하며, 가장 고단하다. 스웨덴 클래식 서킷 수상은 1972년에 시작됐고, 그때부터 스포츠를 좋아하는 스웨덴 사람들에게는 서킷을 완주하는 것이 통과의례가 됐다. 수천 명의 참가자들이 매년 4

개 레이스에 참여한다. 2014년에는 휠체어 이용자가 처음으로 서킷을 완주했다. https://ensvenskklassiker.se/en/. 를 참고하라. 레이스는 다음과 같다.

- 엥엘브렉트슬로페트: 스키로 60킬로미터 주행
- 바살로페트: 스키로 80킬로미터 이동
- 베테른룬단: 자전거로 300킬로미터 이동
- 반스브로심메트: 춥고 어두운 강에서 물살을 거슬러 수영으로 3천 미터 이동
- 리디니엘로페트: 언덕이 많은 자연 지형에서 달리기로 30킬로미터 이동

문화 생활

【박물관】

스웨덴 국립 박물관의 경우 무료로 입장할 수 있지만, 개인 소유 시설의 경우 그렇지 않을 것이다. 스톡홀름에는 바사 박물관, 왕궁 박물관, 보물의 방, 아바 박물관, 바이킹 박물관, 현대

말뫼에 있는 칼 프레드릭 로이터스바르드의 청동 조각상 「비폭력」

미술 박물관, 사진 박물관인 포토그라피스카, 아동 작가 아스
트리드 린드그렌에게 헌정된 박물관이 주니바켄, 국립박물관
등 다수의 박물관이 위치해 있다. 스톡홀름에서 박물관을 찾
으려면 www.visitstockholm.com 을 참고하는 것이 좋다. 예테
보리에는 볼보 박물관, 예테보리 국립과학관, 항공 박물관 아
에로세움 등이 있다. 말뫼에는 '역겨운 음식 박물관', 건축 디
자인 센터, 그리고 기차를 타고 바다를 건너 20분만 가면 코
펜하겐에 있는 박물관도 가볼 수 있다. 스웨덴에서 가장 작은
박물관은 17평방미터도 되지 않는데, 하세와 타게라고 불리는

예테보리에 위치한 국립과학관 입구 모습

코미디 듀오를 위한 헌사로 스코네 토멜릴라 마을에 가면 볼
수 있다.

【 성, 궁전, 대저택 】

스웨덴 시골 지역에는 성, 궁전, 대저택들이 자리 잡고 있다. 개
인 소유도 있지만, 대부분은 대중에게 공개되어 있다. 외레브
로, 바스테나, 칼마르 번화가에서 굉장히 아름다운 성들을 볼
수 있다. 멋진 호숫가 가장자리에는 그립스홀름, 스코클로스테
르, 렉셰 등의 성이 서 있는데, 스웨덴 역사 속 권력 투쟁과 전

1545년 처음 지어져 1620년까지 재건축을 거친 바스테나성

쟁의 모습이 투영된다. 스톡홀름 근교에는 왕과 왕비가 거주하는 드로트닝홀름 궁전은 방문할 만한 가치가 있는 곳이다. 남쪽 스코네 지방에는 성과 호화 저택이 즐비하다. 자세한 사항은 다음 사이트를 참고하라. www.visitskane.com/culture-history/castles-strongholds.

방문객들에게 공개된 집으로는 예술가, 작가, 상류층 저택들이 있다. 스톡홀름에는 조각가 칼 밀레스, 왕족 화가 프린스 오이겐의 저택을 방문할 수 있고, 달라르나에서는 화가 안데르스 소른, 칼 라르손의 저택이 대중에게 공개되어 있다. 베름란드 순보른에 있는 셀마 라게르뢰프의 저택을 방문하고, 베테른 호수 근처에서는 페미니스트 작가 엘렌 케이의 저택을 구경할 수 있다. 스톡홀름에 할뷜 가문의 으리으리한 저택을 보면 19세기 기업가의 부유한 삶을 엿볼 수 있다. 항구가 내려다보이는 스톡홀름 피알가탄에 여성 인권운동가 안나 린드하겐의 박물관이 있다. 이곳은 1800년대 중반 중산층 가족이 살던 아파트에 위치한 작은 박물관이다.

【 공연 예술 】

스톡홀름, 예테보리, 말뫼는 공연 예술이 꽃피우는 곳이다. 스톡홀름에 위치한 단센스후스는 국내외 현대 무용 및 공연 예술을 위한 스웨덴 최대 규모의 공연장이다. 스톡홀름에는 왕립연극극장, 스웨덴 문화회관에 기반을 둔 시립극장, 왕립 오페라하우스 등 큰 규모의 기관도 여럿 있다. 연극 공연은 대부분 스웨덴어로 한다. 규모가 작은 독립 극장도 많은데, 때로는 다른 언어로 공연을 올리기도 한다. 스톡홀름 도심에 위치한 플레이하우스 시어터는 스웨덴어로 번역된 색다른 현대극을 올린다. 스웨덴에서 뮤지컬 극장이 굉장한 인기인데, 「카바레」 「The Book of Mormon」, 「사운드 오브 뮤직」 등의 작품을 스웨

스톨홀름에 위치한 왕립연극극장

덴어로 즐길 수 있다.

예테보리와 말뫼에는 명문 오페라 극단과 극장이 여럿 있다. 북부의 레트비크 마을에는 대규모 채석장 유해에 세워진 멋진 콘서트 오페라 무대가 있으며, 고틀란드섬에서는 교회 및 요새 폐허에서 여름에 공연을 한다.

시민들은 정부 지원을 받아 뉴욕 티켓의 반값에 양질의 공연을 관람할 수 있다. 드레스코드는 우아한 것부터 캐주얼까지 가능하다. 티켓 예약 사이트는 www.showtic.se 그리고 www.ticketmaster.se 를 많이 이용한다.

【라이브 음악】

클래식 음악의 경우, 노벨상 수상식이 개최되는 곳이자 역사적으로 중요한 스톡홀름 콘서트홀은 로열 필하모닉 오케스트라가 탄생한 곳이다. 지금의 베르발드할렌 콘서트 하우스는 스웨덴의 라디오 심포니 오케스트라가 탄생한 곳이다. 스웨덴 전역의 교회들은 음악가와 합창단을 선보이는 공연을 정기적으로 개최한다.

재즈와 블루스도 스웨덴에서 인기인데, 스톡홀름 날렌, 파싱 등의 지역에서 라이브 공연을 볼 수 있다.

스웨덴 주요 도시에는 대형 공연장이 여럿 있는데, 그중 가장 큰 공연장은 프렌즈 아레나로 2012년에 개장했고, 7만 5천 명의 인원을 수용한다. 2012년 전까지는 스톡홀름에서 가장 큰 공연장이 에릭슨 글로브였는데, 1만 6천 명의 인원을 수용하며 오늘날까지도 지구상 최대 반구형 건물로 남아 있다. 다른 대형 경기장으로는 스톡홀름의 텔레2 경기장, 예테보리의 울레비가 있으며, 둘 다 4만 명의 인원을 수용할 수 있다. 상대적으로 규모가 큰 공연장 덕분에 세계적인 아티스트들은 스웨덴에서 공연을 한다. 2020년에는 랩퍼 에미넴이 최다 관중을 기록하며 공연을 했다. 콘서트 티켓 구매는 www.livenation.se

를 자주 이용한다.

스웨덴은 여름에 6월에 예테보리에서 열리는 서머버스트 페스티벌, 블레킹에서 열리는 스웨덴 락 페스티벌 등 야외 페스티벌을 많이 주최한다. 7월에는 스톡홀름에서 롤라팔루자, 8월에는 예테보리에서 웨이아웃웨스트 페스티벌이 열린다. 8월에는 6만 명이 퍼레이드에 참여하는 스칸디나비아 지역 최대 게이 프라이드 기념행사로 스톡홀름 프라이드 페스티벌이 열린다. 페스티벌에 대한 자세한 사항은 다음 사이트를 참고하라. www.swedenfestivals.com

【 스웨덴 댄스 밴드 문화 】

많은 사람들이 즐기는 스웨덴 음악으로는 '댄스 밴드 음악'이 있는데, 외국인들에게는 당황스럽고 특이해 보일 수 있는 뮤지컬 장르이다. 지르박, 스윙, 기억하기 쉬운 슐레거 음악의 영향을 받았고, 둘씩 짝을 지어 춤을 추는 라이브 밴드 음악이다. 사람들이 동네 공원에서 라이브 밴드 음악에 따라 춤추던 1950~1960년대에 기원을 두고 있다. 전통적으로 공연자들은 신축성이 좋고 반짝이는 화려한 옷을 맞춰 입는다. 1986년부터 매년 7월 말룽이라는 작은 마을에서 댄스 밴드 페스티벌이 열리는데 춤에 열광하는 스웨덴 사람들 5만 명 정도가 참가한다.

식당, 음식, 음료

2020년 기준 스웨덴에는 미슐랭 등급을 받은 식당이 13곳 있었고, 대부분 스톡홀름에 위치해 있다. 스웨덴 사람들은 외식하기를 좋아하고 스웨덴에는 세계 곳곳의 다양한 음식을 제공하는 식당들이 많다. 식당에서 포장을 하거나, 우버 잇츠, 볼트, 푸도라 등의 앱으로 배달을 예약할 수 있다. 먹고 싶은 음식들을 대부분 구할 수 있을 뿐 아니라 대부분의 경우 양질의 음식을 즐길 수 있다. '화이트 가이드'는 스웨덴 상위 800위 식당 목록이다. 신문, 앱, 웹사이트에서 찾아볼 수 있다. 웹사이트 주소는 www.whiteguide.se 이다. 트립어드바이저, 옐프로 식당을 찾는 것도 좋은 방법이다.

스웨덴 전통 요리를 제공하는 식당도 많다. 일부는 전통적인 방식으로 음식을 제공하는 반면, 현대적이고 융합적인 맛을 내놓는 식당도 있다.

【 스웨덴 전통 요리 】

그라바들락스: 소스와 감자를 곁들인 연어 절임

인라그드 실: 삶은 감자를 곁들인 삭힌 청어와 술

얀손의 유혹: 감자, 크림, 앤초비 등을 구운 그라탕

미트볼과 월귤 통조림

라그뭉크: 햄을 곁들인 바삭한 감자전

렌스카브: 얇게 썬 순록 고기

시계방향 순서로 후추, 로즈마리, 양파, 라임을 곁들인 청어 스테이크, 크림소스와 파슬리를 곁들인 미트볼, 새우와 캐비어가 올라간 샌드위치, 월귤과 시럽이 올라간 감자 팬케이크

라라카: 해시 브라운과 유사한 얇은 감자튀김

스텍트 스트룀밍: 감자 퓌레, 녹인 버터를 곁들인 구운 청어

토아스트 스카겐: 새우와 마요네즈를 올린 토스트

【 스뫼르고스보르드 】

스웨덴의 스뫼르고스보르드는 그 이름이 이국적으로 들릴 뿐이지, 기본적으로는 다양한 음식을 직접 가져다 먹는 뷔페를 의미한다. 가정에서는 크리스마스, 부활절, 생일이나 다른 기념일에 스뫼르고스보르드를 먹는다. 식당에서는 12월 내내 크리스마스 뷔페 시즌이다. 스뫼르고스보르드에서는 과식하기 쉽기 때문에 한 접시에 조금씩 덜어먹고 찬 음식, 따뜻한 음식, 디저트 순서로 먹는 것이 좋다. 스뫼르고스보르드에서는 음식을 가지러 가는 횟수에 제한이 없으며 갈 때마다 깨끗한 새 접시를 들고 간다.

【 외식 】

저녁 때의 외식은 비싼 편이고, 자리를 쉽게 구하지 못하기 때문에 가능하다면 사전에 예약하는 것이 좋다. 예약 사이트는 www.thefork.se 와 www.bokabord.se 등이 있다.

• 아이스크림 혁명 •

스웨덴 사람들은 한 해 평균 13.5리터에 달하는 아이스크림을 섭취하며, 이는 유럽연합 회원국 최고 수치이다. 최근 스웨덴에서 아이스크림이 다시 인기를 끌고 있으며, 장인이 만드는 유기농 아이스크림과 젤라또 가게가 우후죽순으로 생겨나고 있다. 과거에 인기 있던 맛과 딜, 솔, 클라우드베리 등 스웨덴 고유의 맛이 혼합됐다. 스톡홀름에서 방문할 만한 아이스크림 가게는 라 옐라테리아 소포La Gelateria Sofo, 스뇌Sno, 스티키 니키Stikki Nikki, 싱 스코파King Scoopa 등이 있다.

　　오전 11시부터 오후 2시까지 점심 외식은 가격이 덜 비싸고 핫도그, 버거, 케밥 등을 판매하는 패스트푸드 식당, 키오스크에서도 저렴한 가격에 점심을 해결할 수 있다. 대도시에서는 '카르마'라는 앱을 통해 소비자들이 레스토랑, 카페, 식료품 가게에서 남는 잉여 식품을 반값에 구매하여 음식물 쓰레기를 최소화하고 있다. 사이트 주소는 www.karma.life 이다. 스웨덴 사람과 외식을 하는 경우 총 금액을 인원으로 나눠 모두가 같은 값을 계산할지 또는 자신이 먹은 것만 계산할지 등 계산을 어떻게 할 건지 확인해야 한다. 만나는 사람마다 다를 수 있다.

- 조언: 남은 음식을 집에 싸가는 사람들은 주의할 것! 스웨
  덴 사람들은 남은 음식을 집에 싸가는 것을 없어 보인다고
  생각한다.

【금연】

건강을 중요시하는 스웨덴에서는 흡연자가 인구의 10퍼센트
정도밖에 되지 않으며 그조차도 감소세에 접어들었다. 모든 식
당은 금연이며 2019년부터는 야외석과 공공장소에도 적용되
고 있다. 담배를 피우고 싶다면 식당으로부터 멀리 떨어진 곳
에서만 가능하다. 건물 출입구, 기차 승강장, 버스 정류장, 택시

• 웨이터, 서비스, 팁 •

웨이터들은 유창한 영어를 구사하며 대부분 친절하다. 서비스료가 이미 청구
되어 있지만, 만족도에 따라 총 금액의 10퍼센트까지는 추가적으로 팁을 주는
것이 관례이다. 스웨덴 사람들은 점심에는 보통 팁을 주지 않는다. 웨이터들은
대체로 보수를 많이 받는 편이기 때문에 팁에 의존하지 않는다.

승강장, 매표소, 운동 시설, 놀이터에서도 흡연은 불법이다.

【음주】

스웨덴 사람들은 한 해 평균 10리터 정도의 술을 마시며, 남성이 여성보다 더 마신다. 와인, 맥주, 증류주 순서로, 그중에서도 증류주는 보드카, 위스키, 샷으로 마시는 예거 마이스터 순서로 많이 마신다. 크리스마스와 하지가 가까워 오면 스냅이나 아쿠아비트 매출이 급상승한다. 음주운전 단속법이 엄격하기 때문에 술집, 나이트클럽에서는 술에 취한 손님들을 엄격하게 통제한다. 취하지 않았다고 느껴도 가게 주인의 요청에 따라 일어나야 할 수도 있다는 의미다. 실제로 이런 상황이 발생한다면 운명을 받아들이고 품격 있게 자리를 떠나면 된다.

스웨덴 사람들은 세계에서 인구 대비 커피를 가장 많이 마시는 민족이다. 성인들은 우유, 아몬드, 귀리로 만든 식물성 우유를 마신다. 캐슈너트도 인기도 늘고 있다. 탄산음료와 탄산 농축물은 대부분은 식당 점심 가격에 포함되어 있다.

【맥주 문화】

스웨덴의 맥주 문화는 수 세기 전부터 내려져 오는 전통이다.

최근에는 수제 맥주에 대한 관심이 폭발했고, 주요 도시에서는 맥주를 마시는 모습을 볼 수 있다. 맥주 가격이 비싸지만 품질이 좋으며, 해외 맥주부터 국내 맥주까지 선택지가 많다.

관광지

매년 100만 명 정도가 방문하는 스톡홀름 바사 박물관은 스웨덴 제국 함대의 자랑거리인 바사 전함을 소장하고 있다. 바사 전함은 1628년 처녀항해 때 침몰했고, 1961년 스톡홀름 항구 심해에서 선체가 인양됐다. 스톡홀름의 또 다른 명소로는 스칸센 옥외 박물관, 왕궁, 아바 박물관 등이 있다. 북쪽으로 더 올라가면 북극권 위로 멋진 아이스 호텔이 있다. 동쪽으로 가면 고틀란드섬에 낭만적인 중세 도시 비스뷔가 있고, 남쪽으로 내려가면 룬드에 인상적인 로마네스크 양식의 성당이 있다. 스웨덴을 경험하기 좋은 방법은 보트를 타는 것인데, 관광용 보트를 타고 물 위에서 도시 풍경을 보는 것을 추천한다. 스톡홀름에서는 연락선을 타고 군도로 나가 수도 밖의 섬 수 천 개를 보는 것이 묘미다. 연락선에서의 점심 식사를 예약할 수도 있는데, 스웨덴 방문에 낭만을 더한다.

【 유네스코 세계 문화유산 】

스웨덴에는 공식적인 세계 문화유산이 총 15건 있으며, 모두 방문객에게 개방되어 있다. 자세한 사항은 사이트(www. visitsweden.com)를 참고하라. 다음은 문화유산 목록이다.

【 스톡홀름 주변 지역 】

국립 공동묘지(스콕쉬르코고르덴): 나무 사이사이로 묘가 자리 잡

틀란드 섬 비스비 마을 중심의 모습

고 있는 굉장히 멋진 묘지이다.

드로트닝홀름 왕실 영지: 왕실 저택, 왕궁, 시대별 정원, 정자, 그리고 기계 및 세트장이 보존된 유일한 18세기 극장이 있다. 극장은 아직 사용되고 있다.

비르카 바이킹 정착지: 스톡홀름에서 30킬로미터 떨어진 비에르셰 섬이다. 8세기부터 10세기까지의 바이킹 정착지 모습을 잘 보여주는 곳이며, 스톡홀름에서 배를 타고 갈 수 있다.

【동부】

스웨덴 동부 발트해에는 고틀란드와 올란드, 2개의 섬이 자리 잡고 있다. 두 섬 모두 영구 주민이 있으며 스웨덴 사람들이 여름 휴양지로 많이 찾는 곳이다.

한자동맹 도시, 비스뷔

고틀란드섬의 동식물군은 매력적이다. 주요 도시 비스뷔의 기원은 12세기로 거슬러 올라가며, 도시의 폐허와 중세 시대의 담이 잘 보존된 한자동맹 도시이다. 시간적 여유가 있다면 연락선을 타고 본토에서 몇 시간 가면 중세 시대에 온 기분이 들 것이다. 고틀란드 북부에는 포뢰섬이 있는데 신비스럽고 척박한 곳으로, 한때 영화감독 잉그마르 베르히만이 살던 곳이다. 그의 영화 여러 편이 이곳에서 촬영되었고, 매년 6월 섬에서 베르히만의 주를 주최한다.

올란드섬 남부의 농업 경관

사람들은 올란드섬에서 5000년 살아왔고, 바람이 많이 부는 이 섬에서 살아가는 방법을 터득해 나갔다. 다양한 생물들이 사는 석회 고원이 광활하게 펼쳐져 있다. 스웨덴 왕실의 여름 별장 솔리덴 궁이 이곳에 위치해 있다. 본토의 칼마르에서 6킬로미터 다리를 건너면 올란드에 도착한다.

【북부】

하이코스트/크바르켄 군도

하이코스트는 핀란드령 크바르켄 군도 반대편 발트해 북부의 보스니아만 한쪽에 위치해 있다. 숨이 탁 막히는 경치는 세계 최고^高의 해안가, 저지대 섬, 얕은 만, 바위를 형성한 마지막 빙하기의 결과물이다.

【 남부 】

칼스크로나 항구

1679년 스웨덴 왕 칼 11세가 세운 곳으로, 해군 기지 및 항구 도시가 유난히 잘 보존되어 있으며 오늘날까지도 방어 시설, 해양 방어 시설, 전함 공사를 위한 조선소 등을 볼 수 있는 몇 안 되는 선착장이 있다. 칼스크로나 자체는 아름다운 광장, 교회, 그리고 성삼위 교회, 프레드릭 교회, 과거 시청 건물인 칼스크로나 로드후스 등의 기념물이 세워진 바로크 양식이 아름답게 드러나는 곳이다.

【 서부 】

타눔 암각화

예테보리에서 북쪽으로 차를 타고 90분 정도 가다 보면 보후슬렌 지방이 나오는데, 스웨덴 서부 해안의 여름 휴양지로 인기 있는 곳이다. 보후슬렌은 염도가 높은 발트해보다 낮은 조수가 특징이며, 바위섬이 3,000개에 이르는 멋진 해안가와 암각화 유적지 1,500곳을 볼 수 있다. 타눔 암각화는 사람, 동물, 사물을 묘사하며 북유럽 청동기 시대를 잘 보여준다. 자세한 사항은 사이트(www.visitsweden.se, www.sweden.com, www.visitstockholm.

배에 탄 사람들을 그린 타눔 암각화

com)를 참고하라.

쇼핑

스웨덴은 소비 지상주의 사회이며 쇼핑할 거리가 굉장히 많다. 에이치엔앰, 자라 등 유명한 의류 체인점은 대부분의 번화가에 자리 잡고 있다. 교외의 대형 쇼핑몰들과 경쟁하고 있지만 스톡홀름 번화가, 예테보리, 말뫼의 쇼핑센터 매출은 고공 행진이다. 스칸디나비아 지역 최대 규모 쇼핑몰인 스칸디나비아 몰은 2015년 스톡홀름 교외의 솔나 지역에 개장했다.

스웨덴은 이케아가 탄생한 곳으로 북극권으로부터 최남단까지 분점이 20곳 있다. 손님들을 끌어모으고 있는 또 다른 대형 상점은 예코스라는 곳이다. 울라레드에 위치한 초대형 상점으로 저렴한 물건을 찾는 사람들을 위한 메카이다. 너무나 유명한 나머지 이곳에서 리얼리티 프로그램을 촬영하기도 했다.

스웨덴에서 의류 소재, 선물 포장, 인테리어 디자인 등은 자연 그대로를 지향한다. 면, 리넨, 울 섬유 등의 의류 소재, 백지

스톡홀름 보행자 전용 드로트닝가탄 거리(퀸 스트리트)에서 쇼핑하는 모습

에 심플한 나비매듭이나 리본 등의 선물 포장, 그리고 딸기색, 상록수색 등 자연 그대로의 색감 등이 그러하다. 크리스마스 나무 장식은 주로 짚과 나무로 만든다.

식료품 쇼핑의 경우 스웨덴에는 ICA와 쿱Coop이라는 대형 체인점이 2곳 있다. 도심 구역에는 작은 버전으로 산업 단지에는 초대형 상점으로 들어서 있다. 스톡홀름의 회토리에트, 말뫼의 묄레봉엔 등 주요 도시에는 소규모 식료품 전문점 및 시장이 있다. 스웨덴 식료품은 비싼 편이고 12퍼센트의 부가가치세가 붙는다. 스톡홀름 쇠데르말름 지역에는 봄가을 토요일이면 농산물 시장이 열리는데, 산지 직송으로 신선한 상품을 구매할 수 있다. 싸지는 않지만 유기농이다.

【주류 구매】

19세 이상이라면 술집이나 식당에서 주류를 구매할 수 있다. 와인, 증류주, 도수가 높은 맥주는 '쉬스템볼라게트'라는 국유 주류 판매점에서만 구매가 가능하다. 20세 이상이어야 쉬스템볼라게트에서 주류를 구매할 수 있다. 영업시간이 제한된 편인데, 평일에는 오전 10시부터 오후 7시까지, 토요일은 오전 10시부터 오후 3시까지, 일요일은 영업을 하지 않는다. 폴셸이라고 알려진 도수가 낮은 맥주는 슈퍼마켓에서 구매할 수 있다.

쉬스템볼라게트는 세계 최대 주류 수입 업체로, 수준 높고 다양한 와인 셀렉션을 보유하고 있다. 스웨덴 사람들은 와인 시음에 관심이 많으며 와인 가게 직원들은 손님들이 그날의 저녁 식사에 어울리는 와인을 찾는 것을 도와줄 수 있도록 잘 훈련되어 있다. 쉬스템볼라게트는 국가가 독점하고 있으며 국민들의 건강을 지키고 주류에 대한 접근을 제한함으로써 범죄율을 줄이기 위해 만들어졌다.

【 영업시간 】

대도시의 상점들은 대부분 매일 오전 10시부터 오후 6시까지 영업을 한다. 소규모 도시에서는 토요일 오후 3시까지만 영업을 하거나 일요일에는 영업을 하지 않을 수도 있다. 쇼핑몰과 슈퍼마켓은 대부분 오후 10시까지 영업을 한다. 일부 상점들은 하지에 영업을 하지 않을 수도 있다. 지역마다 영업시간이 다를 수 있기 때문에 상점 사이트를 확인해보는 것이 좋다.

• 알아두면 좋은 가게 •

- 콘디토리: 빵과 커피를 파는 가게
- 아포테케트: 처방약과 처방전 없이 구매할 수 있는 건강 보조품을 판매하는 약국
- 마테파르: 슈퍼마켓
- 살루할: 정육점, 빵집, 커피와 차를 파는 부티크, 생선 가게 등 특산물 전문점이 한 지붕 아래 모여 있는 시장
- 솀트뱃: 세탁소
- 쉬스템볼라게트: 주류 판매점

【 온라인 쇼핑 】

스웨덴 인구의 70퍼센트 이상이 정기적으로 온라인 쇼핑을 하며, 대부분 전자제품, 의류, 식료품을 구매하며, 스칸디나비아 지역 내 전자상거래를 가장 많이 사용하는 민족이다. 인기 사이트는 다음과 같다.

Ikea.com: 가구

Netonnet.se: 전자제품

Elgiganten.se: 전자제품 및 가사 용품

Mathem.se: 식료품

Zalando.se: 의류

은행 및 환전

오늘날 스웨덴 국민 대부분이 온라인으로 은행 업무를 보기 때문에 스웨덴 전역의 은행 지점들이 문을 닫고 있다. 아직 영업을 하고 있는 은행의 경우, 지점마다 다르지만 평일 오전 9시부터 오후 4시까지 영업을 한다. 주말, 공휴일, 공휴일 전날에는 영업을 하지 않는다.

【 현금 없는 사회 】

스웨덴에 현금을 들고 가면 주머니에 많이 남은 채로 돌아올 수도 있다. 스웨덴은 빠르게 현금 없는 사회로 변해가고 있고, 실제로 스웨덴 인구의 20퍼센트 정도만 현금을 들고 다닌다. 상점, 식당, 카페도 카드만 받는 곳이 많다. 슈퍼마켓은 현금을 받는다. 비자카드와 마스터 카드를 주로 취급한다. 아메리칸 익스프레스와 다이너스 클럽은 취급하지 않는 곳도 있다. 2012년부터 스웨덴 은행 계좌를 가지고 있는 사람들은 핸드폰으로 간단하게 돈을 송금하는 모바일 결제 시스템 '스위시'를 사용하여 돈을 지불할 수 있다. 스위시는 특히 식당에서 여러 카드로 결제하는 대신에 한 명이 결제를 하고 나머지 사람들이 자신의 몫을 '스위시' 하는 데 유용하다. 매우 실용적이고, 빠른 방법인 셈이다.

대부분의 택시 회사들은 현금, 신용카드 또는 앱을 통한 선결제를 취급한다.

그래도 혹시 모르니 현금을 조금 가지고 다니는 것도 좋다. ATM 기계에서 현금을 뽑을 수 있는데, 수수료가 있다는 점을 주의해야 한다. 환전하는 경우 비용 측면에서 은행이나 호텔보다 환전소가 가장 안전하고 확실하다. 스웨덴 통화는 크로나(복수형은 크로노르) 또는 크라운이고 SEK라고 표기한다.

• 관광객들을 위한 쇼핑 팁 •

최신 유행 쇼핑지

스웨덴 도시에는 대부분의 주요 상점들이 들어서 있는 평범한 시내가 있다. 덜 붐비는 곳으로 가보고 싶다면 주요 도시에도 가볼 만한 곳이 많다. 유행하는 것들을 많이 찾을 수 있는 곳으로 색다른 상점, 흥미로운 레스토랑, 장인의 빵집과 카페들로 떠들썩한 지역들이다. 스톡홀름에서는 최신 유행의 쇠데르말름 동네 중에서도 뉘토리에트, 마리아토리에트, 예테보리에서는 하가의 자갈길 거리, 말뫼에서는 예술적인 묄란에 가보는 것을 추천한다.

여행을 저렴하게

스웨덴에서 '몸스'라고 불리는 부가가치세는 대부분 상품 및 서비스의 25퍼센트에 해당한다. 식품은 12퍼센트, 신문, 책, 문화 행사, 택시, 버스, 비행기, 기차는 6퍼센트다. EU 외 지역 출신 관광객은 부가가치세를 환급받을 수 있다. 스웨덴 환급률은 200SEK 이상 구매액의 8.3~19퍼센트에 해당한다. 환급에 대한 정보는 www.globalblue.com 를 참고하면 된다.

스웨덴 특산물

스웨덴 특산물을 구입하고 싶다면 디자인, 크리스털 제품, 수공예 제품, 식품

등을 집중적으로 보는 것이 좋다.

스웨덴의 고전 디자인은 기능성, 심미성, 간결성, 지속 가능성을 우선시하며 가구, 옷감, 인테리어 제품에서 드러난다. 스톡홀름의 현대 및 고전 디자인을 가장 잘 살펴볼 수 있는 곳은 스벤스크 텐, 노르디스카 갈레리에트 등의 가게가 있다. 최신 유행의 디자인숍 디자인토리엣은 스톡홀름, 예테보리, 말뫼, 웁살라에서 찾아볼 수 있다.

스웨덴은 크리스털이 세계적으로 유명하다. 크리스털 꽃병, 그릇, 촛대를 디자인숍이나 백화점에서 찾아볼 수 있다. 크리스털 생산 과정에 관심이 있다면 숲이 우거진 남부 지역 스몰란드에 가보는 것을 추천한다. 여러 공장과 스튜디오를 방문하고 장인들이 크리스털을 만드는 모습을 볼 수 있을 것이다.

수공예품 중에서도 가장 스웨덴스러운 것은 '달라호스'다. 달라르나 지역에서 기원한 것으로 색을 칠한 목각 말 인형은 빨간색이 가장 전통적이지만 다양한 크기와 색으로도 만들어진다. 달라호스는 대부분의 기념품 가게, 백화점, 공항 상점 또는 누스네스 지역에 위치한 공항에서 구매할 수 있다.

스웨덴 전통 음식으로는 월귤, 나무딸기 잼이 있다. 절인 순록 고기와 스웨덴 치즈 베스터보텐도 인기다. 일반적인 스웨덴 사탕은 빌라라고 불린다. 술 종류는 앱솔루트 보드카, 다양 종류의 스냅, 크리스마스에 마시는 멀드 와인 등이 있다. 목적지가 유럽연합 역외가 아니라면 공항에서 술을 살 수 없다는 사실에 많은 관광객들이 놀라기도 한다. 유럽연합 역내에서 여행을 한다면 떠나기 전 쉬스템볼라게트에 꼭 들리고, 수하물로 부칠 캐리어 안에 단단히 넣어둬야 한다.

스웨덴에서 일 년 내내 판매되지만 일반적으로 크리스마스 다음날부터 1월 말까지 판매된다. 스웨덴어로 판매는 레알리사숀으로 줄여서 REA라고 한다.

구매하기 전 물어보기

스웨덴에는 소비자들에게 구매한 제품을 '반품'할 권리를 부여하는 법이 없다. 각 상점이 손님이 반품을 할 수 있을지 없을지 정할 수 있다. 예를 들면 어떤 상점은 30일 내 반품이 가능하지만 어떤 상점은 돈으로 환불해주는 것이 아니라 신용 전표만 줄 수도 있고, 이마저도 안 되는 곳이 있을 것이다. 예측이 불가능하기 때문에 구매하기 전 상점의 반품 정책이 어떠한지 물어보는 것이 좋다.

07

여행 이모저모

스웨덴 현지 교통수단 규모는 해당 도시와 마을의 인구에 따라 다르다. 예를 들면 예테보리에는 전차가 광범위하게 운행되고, 스톡홀름에는 지하철이 있다. 대부분의 도시와 마을에서장거리는 자가용을 가장 많이 이용한다.

스웨덴의 교통편은 정연하고 안전하며 혼란스럽지 않다. 국토 면적이 굉장히 넓기 때문에 장거리는 보통 비행기나 기차로 이동한다. 비행기와 기차는 굉장히 효율적이며 깨끗하고, 편한 교통수단이다. 기내 및 차내는 금연 구역이다. 국내선은 북부에서 남부까지 스웨덴 전역을 운행하며, 티켓은 사이트(www.sas.se)에서 구매할 수 있다.

스웨덴 철도 교통망은 훌륭하지만 가격이 비싼 편에 속한다. 장거리 열차에는 대화를 하거나 전화를 받을 수 없는 '조용한 칸'이 있다. 양질의 편안한 여행을 위해서다. 도시 간의

북극권 북쪽의 토르네트레스크 호숫가를 따라 이어지는 도로

기차 티켓은 사이트(www.sj.se)에서 구매할 수 있다.

작은 도시와 마을 사이는 버스로 이동하는데 기차보다 보통 티켓 가격이 싸다. 티켓은 사이트(www.flixbus.se)에서 구매할 수 있다.

스웨덴 현지 교통수단 규모는 해당 도시와 마을의 인구에 따라 다르다. 예를 들면 예테보리에는 전차가 광범위하게 운행되고, 스톡홀름에는 지하철이 있다. 대부분의 도시와 마을에서 장거리는 자가용을 가장 많이 이용한다.

스웨덴에서 운전하기

【통행 규칙】

국토 면적이 넓은데도 운전하는 사람들이 굉장히 많다. 스웨덴의 고속도로는 대부분 통행료가 없다. 보통 차선이 3개인데, 양 방향으로 한 개씩 있고 그 사이에 공용 추월 차선이 있다. 규모가 더 큰 고속도로는 차선이 4개 또는 6개이다. 2차선인 경우에는 각 방향으로 차선이 한 개씩 있고 추월 차선이 없다. 그렇기 때문에 추월당하는 차들은 더 빠른 차가 지나갈 수 있도록 갓길에 차를 세워야 한다.

스톡홀름과 예테보리행 도로에는 혼잡 통행료가 있다. 해당 도로를 사용하면 카메라가 자동으로 차 번호판을 읽고 면허 보유자에게 통행료를 청구한다. 스웨덴에 등록되어 있지 않은 차량이라면 교통 당국은 동맹국들에게 통지하여 외국 차량을 확인하고 면허 소유자에게 통행료를 청구한다. 덴마크로 건너가는 외레순 다리에서도 통행료를 내야 한다.

고속도로 제한속도는 보통 시속 110km, 상태가 양호하며 안전한 직선 도로에서만 시속 120km이다. 2차선은 시속 90km, 시가지는 시속 50~70km로 속도가 제한된다. 스쿨존, 그밖에 보호구역은 시속 30km로 제한된다. 속도 제한은 노란 바탕의 표지판에 표시된다. 유럽 내 대부분의 국가들과는 달리 스웨덴에는 제한속도가 표지판에 써져 있지는 않다. 도로에는 교통량을 관리하기 위해 속도 감시 카메라가 설치되어 있다.

【 카풀, 카 셰어링 】

스웨덴에는 일반적인 차량 렌트 회사뿐 아니라 카풀, 카 셰어링 서비스를 제공하는 회사들도 있다. 아이모[Aimo], 선플릿트 Sunfleet 는 자사 소유 차량들이 있으며, 스냅카 SnappCar, 라이드 바이트 Ridebitt 는 카풀 서비스를 제공한다. 서비스 및 가격에 대한 자세한 사항은 각 회사 홈페이지를 참고하라.

· 운전 팁 ·

- 운전자 및 모든 동승자는 의무적으로 안전벨트를 착용해야 한다.
- 아동은 카시트에 탑승해야 한다. 0~4세 아동은 이동 방향의 반대 방향으로 카시트에 앉아야 한다. 신장 135cm 이하 아동은 카시트 또는 어린이용 보조의자에 앉아야 한다.
- 엄밀히 따지면 운전 중에 핸드폰 사용은 불법이지만, 운전에 부정적인 영향을 미칠 때만 적용된다.
- 12월 1일부터 3월 31일까지는 차체에 겨울용 타이어를 끼워야 한다. 그 이후에는 여름용 타이어로 바꿔야 한다. 4월 16일부터 9월 30일까지 기간 동안은 겨울 날씨가 계속되지 않는 이상 겨울용 타이어로 다니면 벌금을 낼 수도 있다. 특정 도로는 겨울용 타이어 차량은 출입이 금지된다.
- 도심에 주차 공간이 많다. 일부는 유료다. 주차 요금은 주중에는 한 시간에 85~120SEK 정도이다. 도심에 위치한 주차장 요금은 하루에 300SEK 정도이다.

- 전기차 운전자라면 www.uppladdning.nu 에서 충전소가 있는 주차 구역을 찾아보는 것이 좋다.
- 지정된 노상 주차 구역에 차를 세울 때 표지판을 확인하는 것이 좋다. 노상 주차가 허용되는 대부분의 지역에는 각 동네 입구에 표지판이 있다. 일주일에 하루는 청소를 위해 출입이 제한될 수도 있다. 주차 벌금은 1,000SEK까지도 가능하다. 거리 주차 미터기는 한 시간당 계산된다. 대부분 비자 및 마스터 카드로 계산이 가능하다.
- 길을 건너는 보행자로부터 10m 떨어진 곳에 주차를 해야 한다.
- 겨울에 블랙아이스에서 미끄러지는 경우, 블랙아이스 쪽으로 운전대를 틀고 브레이크를 사용하지 않아야 한다.
- 겨울에 밤새 밖에 주차를 해놔야 한다면, 와이퍼날이 전면 유리에 얼어붙지 않도록 직각으로 세워나야 한다.
- 특히 새벽녘, 해 질 녘에 나무가 우거진 지역에서 운전할 때 엘크, 사슴, 순록을 주의해야 한다. 발굽이 갈라진 동물과 충돌한 경우 경찰에 의무적으로 알려야 한다.

스웨덴에서 과속을 하거나 난폭하게 운전을 해서 걸리지 않기를 바랄 것이다. 벌금은 2,000~4,000SEK 정도이다. 과속 또는 음주운전 등의 교통 법규 위반으로 걸리면 경찰은 그 자리에서 운전면허증을 압수할 수 있다. 면허증은 운전자에게 돌려줄지 취소될지 여부를 판단하는 스웨덴 교통국으로 전달된다. 술에 취하지 않았다는 주장이 의심되는 경우 면허가 취소되거나 차내에 비싼 음주운전 제한 장치를 설치해야 한다.

어떤 경우에는 운전자가 차내에 음주 운전 제한 장치를 설치하면 운전을 허용하기도 한다. 음주운전은 혈중알코올농도가 0.10퍼센트 이상일 때다. 음주운전은 높은 벌금이나 6개월 이하 형에 처해질 수 있다. 가중 음주운전은 혈중알코올농도가 0.50퍼센트 이상일 때로, 운전자는 2년 이하 형에 처해질 수 있다. 그렇기 때문에 술을 마실 생각이라면 택시를 타고 귀가하길 바란다.

【 운전면허증 】

스웨덴 거주자로 등록된 사람이 아니라면 외국 면허증으로 언제까지 운전을 할 수 있을지에 대한 제한이 없다. 유럽 경제

지역, 스위스, 일본 내에서 발급받은 면허증을 소지하고 있다면 면허증이 유효할 때까지 운전을 할 수 있다. 하지만 그 외 지역에서 발급받은 면허증의 경우 1년 동안만 운전을 할 수 있다.

운전을 할 때는 면허증을 소지해야 한다. 면허증에는 본인 사진이 있어야 한다. 사진이 없는 경우 사진이 첨부된 신분증명서를 가지고 있어야 한다. 운전면허증이 영어, 독일어, 프랑스어로 발급된 것이 아니라면 경찰은 공인 번역본을 요구할 수 있다. 국제 면허증은 이런 경우 공인 번역본으로 인정받을 수 있다.

스웨덴 면허를 취득할지 고민 중이라면 스웨덴 운전면허 학원 비용이 비싸고, 도로 주행 테스트는 얼음 위 운전도 포함한다는 것을 알아두면 좋다.

기차, 버스, 지하철

현지 대중교통은 쾌적하며 효율적이고, 누구든지 이용할 수 있다. 주요 도시의 버스 및 전차 교통망은 잘 발달되어 있는

스톡홀름 도심의 전차

편이다. 스톡홀름에는 교외에서 도심까지 통근 열차가, 알란다 공항에서 센트럴 기차역까지 고속 열차가 운행한다.

스톡홀름은 스웨덴에서 툰넬바나라는 지하철이 놓인 유일한 도시이며, 툰넬바나는 도시 내부의 가장 빠른 교통수단이다. 툰넬바나는 곳곳에 예술작품이 있으며 때로는 '세계 최장 미술 갤러리'라고도 불린다. 효율적인 교통수단이며 객실은 깨끗하다.

스톡홀름 대중교통 'SL' 교외를 포함한 스톡홀름 내에서 버스, 지하철, 통근 열차, 전차, 여객선에 모두 해당된다. 티켓은

SL 센터, 지하철 승차권 자동발매기, 신문·잡지 판매대, SL 앱을 통해 구매할 수 있다. 버스 단말기에 직불카드를 대는 것으로 결제할 수도 있다. 스톡홀름 버스에서는 현금을 사용할 수 없다. 검표원이 자리를 정기적으로 검사하는데, 티켓을 요구했을 때 유효한 티켓을 제시하지 못한다면 1,200SEK에 해당하는 벌금을 물어야 한다.

편도 티켓은 75분간 유효하며 원래 가격은 50SEK이지만 고 선불 SL 카드로 계산하면 38SEK다. 제한 시간 안에 원하

스톡홀름 지하철 체계 중앙에 위치한 T-센트랄렌역

는 횟수만큼 사용할 수 있다. 1일, 3일, 30일 이용권을 구매할 수도 있다. 스톡홀름에서 유모차를 동반한 사람은 무료로 버스를 탈 수 있다.

택시

택시 요금은 꽤 비싼 편이다. 택시 쿠리르, 택시 스톡홀름, 택시 예테보리, 택시 말뫼 등 택시 회사 앱 또는 전화로 택시를 예약할 수 있다. 앱으로 택시를 예약하면 보통 정해진 가격을 선 결제할 수 있다. 거리에서 택시를 잡을 때는 지나가는 택시를 부르거나 택시 승강장에 가면 된다. 이용 가능한 택시는 지붕 위 표지판 조명이 켜져 있다. 팁은 요금에 포함되어 있다. 스톡홀름에서 공항 왕복 요금은 350SEK 정도로 정해져 있다. 요금이 터무니없이 비쌀 수 있기 때문에 표시가 없는 택시를 타지 않도록 주의해야 한다.

택시의 저렴한 대안으로는 우버, 볼트 등의 차량 공유 서비스가 있는데, 앱으로 예약할 수 있다. 택시와는 달리 차량 공유 서비스 요금에는 서비스료가 포함되어 있지 않다. 운전자에게 팁을 주고 싶다면 가장 가까운 어림수가 되도록 운임에 몇 크로노르를 추가해서 운전자가 거스르기 쉽게 하는 것이 관례이다.

길 건너기

무단횡단이 스웨덴에서 불법은 아니지만 대부분의 스웨덴 사람들은 횡단보도에서 길을 건넌다. 운전자는 신호등이 없는 경우에도 건널목에서는 보행자를 위해 멈춰야 한다. 길을 건너려면 버튼을 누르고 신호등에 초록색 신사가 나오길 기다려야 한다. 신사 대신 숙녀가 나오기도 하고 프라이드 위크 기간에는 손을 잡고 있는 동성 커플이 나오기도 한다. 신호등이 없다면 보행자에게 우선 통행권이 주어진다. 그렇다고 해서 도로로 뛰어들어서는 안 되며 다가오는 차량을 주의하며 신중하게 걸음을 옮겨야 한다. 횡단보도에서 자전거는 우선 통행권을 가지지 않는다.

도심을 탐험하는데 아직까지는 걸어 다니거나 자전거 또는 전기 스쿠터를 타는 것이 최고의 방법이다.

스쿠터

주요 도시에서는 자전거를 타고 돌아다니는 사람이 많고, 자전거 도로도 많이 있다. 15세 미만 아동은 헬멧을 착용해야 한다. 자전거의 대안으로는 전기 스쿠터가 있는데, 그때그때 렌트가 가능하다. 1일, 1주일, 한 달 이용권을 제공하는 스쿠터 회사들도 있다. 스쿠터는 혼자 돌아다니기에 좋고 보통 시속 20km까지 속도를 낼 수 있다. 헬멧을 의무적으로 착용해야

룬드시 자갈 위에서 스쿠터 타기

하는 것은 아니지만 권고 사항이다. 길모퉁이, 벽, 심지어 인도 한가운데 등 이전 사용자가 주차한 곳에서 스쿠터를 타면 된다. 앱을 다운로드하고, 신용카드를 등록하면 끝이다. 인기 있는 스쿠터 모델은 보이, 볼트, 티에르, 라임, 버드 등이 있다.

배, 여객선

스웨덴 사람들은 배를 타고 물 위에서 시간 보내기를 좋아한다. 나라에 등록된 레저 보트가 100만 개에 이를 정도이다. 스톡홀름에는 도시 수로를 따라, 그리고 군도를 향해 수상 택시와 여객선이 운행한다.

스톡홀름은 발트해 크루즈선들이 항해 도중 잠시 머무르는 곳이라, 정박해 있는 대형 크루즈선이 올드타운의 다채로운 건물들 위로 높이 솟아 있는 것을 자주 볼 수 있다.

정기적인 카페리와 유람 여객선은 스톡홀름에서 핀란드의 헬싱키와 아보, 에스토니아의 탈린, 라트비아의 리가를 잇는다. 스웨덴 사람들은 주말에 크루즈선을 타고 발트해를 항해하며 선내에서 여흥을 즐기는 취미를 가지고 있다. 일부 크

스웨덴 서남 지역 헬싱보리 항구에서 여객선을 타고 주변 구경하기

루즈선은 핀란드령 올란드섬까지만 갔다가 다시 돌아오기 때문에 승객들은 하선할 필요가 없다. 여기서 스웨덴 사람들은 면세품을 구매할 수 있다. '부즈 크루즈'는 먹고 마시며 즐기는 것으로 잘 알려져 잇다. 티켓은 사이트(www.vikingline.se, www.tallinksilja.se)에서 구매할 수 있다.

스웨덴 남부 위스타드에서 덴마크령 보른홀름까지, 헬싱보리에서 덴마크 헬싱오르까지, 서해안 지역 예테보리에서 덴마크 프레드릭스하븐 또는 독일 킬Kiel, 트렐레보리에서 독일 로스토크, 폴란드 시비노우시치에까지 가는 카페리호도 있다.

숙박 시설

수요가 공급보다 많으며 스웨덴 매출세가 높기 때문에 스웨덴에서 지내는 것이 비싸다고 알려져 있다. 그런데 꼭 그렇지만은 않다.

【 호텔 】

가격에 상관없이 스웨덴의 호텔과 호스텔 수준은 대체로 높은 편이다. 호텔스닷컴, 부킹닷컴, 트립어드바이저 등 잘 알려진 웹사이트, 앱을 통해 호텔을 찾는 것이 가장 좋은 방법이

키루나 근처 유카셰르비에 위치한 아이스 호텔의 손으로 조각한 아트 스위트룸

다. 신뢰도가 높은 스칸디나비아 지역 호텔 체인은 스칸딕, 래디슨, 클라리온 등이 있다. 에어비앤비 등의 전용 앱을 통해 개인이 숙소를 빌려주기도 하는데, 주택 연합 또는 세입자 이사회에서 허용해 주지 않는 경우도 있기 때문에 때로는 비밀리에 진행된다. 최근 스웨덴에 이색적인 호텔이 유행이다. 색다른 스테이케이션을 원하는 관광객, 현지인들에게 인기다.

• 스웨덴의 색다른 부티크 호텔 •

- 파브리켄 푸릴렌 호텔은 고틀란드섬에 과거 석회석 공장이었던 곳에 위치한다. 호텔 방 옆에는 자연 속에서 혼자만의 시간을 원하는 사람들을 위한 '은둔 객실'이 2개 있다. www.furillen.com
- 북극권 북쪽으로 200km 떨어진 지점에 위치하는 아이스 호텔은 매년 다시 지어진다. 아이스 호텔은 호텔인 동시에 얼음과 눈으로 만들어져 매번 다른 예술작품을 볼 수 있는 전시회이다. 토르네강에서 가져온 자연 그대로의 얼음으로만 만들어진 곳으로, 얼음 잔으로 보드카를 마시며 얼음 블록 위 순록 가죽을 깔고 잔다. www.icehotel.se
- 신스카테베리에 위치한 콜라르뷘 에코롯지는 스웨덴에서 가장 원시적인

형태의 호텔이다. 스톡홀름에서 몇 시간 떨어진 숲속에서 고요함과 모험을 찾는 사람들을 위한 자연의 도피처이다. 콜라르뷘 에코롯지는 스카르욘 호수 근처 작은 빈터에 오두막 12개로 구성되어 있다. www.kolarbyn.se

- 스톡홀름에 위치한 라이벌 호텔은 옛날 극장을 힙하고 활기 넘치는 호텔, 식당, 라운지 바로 개조한 곳이다. 그룹 아바의 베니 앤더슨 소유로 극장 살롱은 아직 영업을 하며 일 년 내내 다양한 행사와 콘서트가 열린다. www.rival.se

- 살라에 위치한 살라 실버마인은 지하 155m로 세계에서 가장 깊은 곳에 위치한 호텔이다. 무전으로 연락 가능한 지상의 호텔 직원들과 멀리 떨어져 동굴 같은 은광 안에서 혼자 지내는 것이다. www.salasilvermine.com

- 베스테로스에 위치한 스팀 호텔은 현대적 디자인으로 과거 화력 발전소 자리에 지어진 굉장히 아름다운 스파 호텔이다. www.steamhotel.se

- 라플란드 하라스에 위치한 나무 호텔은 계단, 에스컬레이터, 경사로를 올라야 있는 7개의 나무집으로 구성되어 있다. 나무집의 디자인과 모양이 제각각이지만, 모두 생태계를 중요시하고 자연과 조화를 이루도록 만들어졌다. www.treehotel.se

- 베스테로스에 위치한 어터인 호델은 스톡홀름에서 한 시간가량 떨어져 있는 곳으로 멜라렌 호수에 떠 있는 수중 호텔이다. 수중 객실은 사방으로 창이 나 있어 수면 3m 아래 전경을 볼 수 있다. www.utterinn.se

하라즈 나무 호텔 단지의 일부인 '드래곤플라이'는 긴 경사로를 통해 갈 수 있다.

【 호스텔 】

스웨덴어로 반드라헴이라고 불리는 호스텔은 상대적으로 저렴한 가격의 숙박 시설이다. 취사 가능한 저렴한 호스텔부터 호텔 수준까지 다양한데, 대부분이 그런대로 괜찮은 편이다. 스웨덴에는 350개 정도의 호스텔이 있다. www.svenskaturist foreningen.se

【 민박집 】

민박집도 옵션 중 하나다. 이용 가능한 민박집은 www.book

ing.com을 참고하라.

【 캠핑, 이동식 주택 】

스웨덴에서 캠핑을 하면 유럽에서 훼손되지 않은 자연을 경험할 수 있다. 스웨덴 국립 야영지 연합에 따르면 개인이 텐트 또는 이동식 주택을 설치할 수 있는 야영지가 450곳 이상 있다. 24시간 미만으로 머무른다면 개인 정원 및 경작지를 제외하고는 어디든 텐트를 설치할 수 있다. 하지만 토지 소유자에게 허락을 구해야 한다. 라플란드의 심야 태양 아래에서 하룻밤을 보내거나, 소나무 숲, 호수 또는 바다 부근에서 캠핑을 할 수 있다. 스웨덴에서 캠핑 성수기는 6월과 7월이며, 대부분의 지역은 여름에 햇빛이 20시간 정도 든다.

【 SCR 스웨덴 캠핑 정보 】

스웨덴 국립 야영지 연합에는 캠핑장이 7만 5,000개 이상, 작은 오두막집이 9,000개 이상 있다. 캠핑 관련 할인 소식은 '캠핑키유럽' 앱 또는 사이트(www.campingkeyeyrope.se)를 참고하라. 앱에서 페리 티켓 할인권과 여행자 보험에 가입할 수 있다. 국제 캠핑 카드를 받는 캠핑장도 있다.

건강, 치안

【건강】

스웨덴은 국가가 의료 서비스를 지원하지만, 대기 시간을 줄이기 위해 개인 건강보험을 사용하는 사람들도 있다. 관광객도 모든 국립 의료 기관에서 치료를 받을 수 있다. 유럽연합 또는 유럽 경제 지역 출신이라면 개인 유럽 건강보험 카드를 사용하여 스웨덴에서 의료 서비스를 받을 수 있다. 그밖에 지역 출신이라면 무상 또는 비용이 절감된 의료 서비스를 자동으로 받을 수 없다. 모국에서의 건강보험 또는 여행자 종합 보험 증명서를 제출해야 한다는 의미다.

병에 걸리는 경우 www.1177.se 에서 무상으로 기본적인 진료와 어떤 의료 서비스를 받아야 하는지 알 수 있다. 1177에 전화하면 응급이 아닌 경우에도 의료 서비스를 받을 수 있다. 스웨덴 전국 어디서나 24시간 가능하다. 전화 교환원은 질병 또는 의료 서비스에 대한 질문에 대한 답변과 정보를 제공하고 가장 가까운 의료 시설을 찾도록 도와줄 것이다. 해외에서 전화하거나 스웨덴에서 해외 핸드폰으로 전화하는 경우 +46 771 1177로 전화하면 된다. 응급이 아닌 경우 보드센트럴이라고 불리는 동네 병원이 있다. 예약이 필요 없는 경우도 있지만 전화를 해서 진료를 예약하는 것이 가장 좋다. 호텔의 도움을 받을 수 있는 부분이다.

응급 치과 치료가 필요한 경우 호텔 리셉션에 가장 가까운 치과를 문의하는 것이 좋다.

응급 치료가 필요한 경우 112에 전화하는 것이 좋다. 병원으로 옮겨지면 응급실로 보내질 것이다. 응급실은 스웨덴어로 아쿠텐 또는 아쿠트모탕닝엔이다.

스웨덴의 병원들은 현대적이고 깨끗하며, 직원들은 영어 외의 다른 언어도 구사한다.

25세 미만 그리고 85세 초과 스웨덴 시민들은 무상으로 진료를 받는다. 그 외에는 실제 2,000SEK 정도의 진료비에서 150SEK만 지불하고 나머지는 정부 지원을 받는다.

선구적인 디지털 의료 서비스라고 알려진 '헬스텍'은 스웨덴 스타트업들이 주름잡고 있다. 모바일, 인공지능 등의 기술을 통해 다양한 형태의 의료 서비스를 제공한다. 의사와 심리 상담가들은 앱에서 영상 링크를 통해 환자들을 만나는데, 스웨덴 사람들에게 인기가 많지만 논란이 아예 없지도 않다. 헬스텍 앱은 반려동물을 위한 의료 서비스도 제공한다.

처방약은 여러 약국에서 구할 수 있다. 시민들은 일 년에 건강보험료를 최대 2,350SEK까지도 내기 때문에 약은 무료로 제공된다. 2009년까지 약국은 아포테케트라는 국유 기관이 독점 운영했지만, 오늘날에는 개인 사업자들이 시장에서 경쟁하고 있다.

【치안】

스웨덴은 세계에서 치안이 잘되어 있는 나라 중 하나지만, 특히 저녁에 시가지에서는 소매치기를 주의해야 한다. 여름 관광객이 많이 찾는 지역에서도 소매치기가 성행한다.

경찰, 소방, 앰뷸런스 비상 전화번호는 112이다. 전화 교환원은 영어를 할 줄 안다.

08

/

비즈니스 현황

스웨덴의 업무 현장은 굉장히 다문화적이기 때문에 많은 기업들이 영어를 공식 언어로 사용한다. 스웨덴 기업들은 해외에서 인재를 유치하고 싶어 하는데, 인구가 1,040만 밖에 되지 않는 작은 나라가 생존을 위해 택하는 전략이다. 업무 현장에 외국인이 많은 덕분에 혁신을 일으키고 비판적인 사고를 할 수 있지만 오해와 갈등이 생기기도 한다.

비즈니스 환경

스웨덴은 세계적으로 성공한 여러 기업들이 탄생한 요람이며, 100년 정도 된 산업체부터 IT 및 테크 전문 기업, 혁신적인 스타트업까지 기업의 형태가 다양하다. 스웨덴 GDP 2/3에 기여한 분야는 의료, 교통, 교육 등 공공 분야로, 고용률이 가장 높다. 스웨덴의 개방 경제는 경쟁 및 혁신을 장려하며, 정부는 지속 가능한 에너지 기업 및 생명 공학 산업에 적극적으로 투자하고 있다. 스웨덴의 교육 체제 덕분에 노동 인구는 고등 교육을 받고 고도로 숙련된다. 또한 포괄적인 노동법으로 보호받고 있기 때문에 보안, 신뢰, 충성도가 높은 편이다.

스웨덴의 업무 현장은 굉장히 다문화적이기 때문에 많은 기업들이 영어를 공식 언어로 사용한다. 스웨덴 기업들은 해외에서 인재를 유치하고 싶어 하는데, 인구가 1,040만 밖에 되지 않는 작은 나라가 생존을 위해 택하는 전략이다. 업무 현장에 외국인이 많은 덕분에 혁신을 일으키고 비판적인 사고를 할 수 있지만 오해와 갈등이 생기기도 한다. 결국에는 스웨덴 업무 문화에 적응하고 즐기는 방법을 터득하는 사람들도 있는 반면, 그러기가 어려워서 1~2년 후에 고국으로 돌아가는 사람들도 있다.

스웨덴 사람들에게 동기 부여란?

당연히 대부분의 스웨덴 사람들은 월급으로 동기를 부여받지만, 그것은 일부에 지나지 않는다. 스웨덴 사람들은 도덕적인 영업 활동, 사회적 책임을 실천하며 직원에게 재량, 자유, 흥미로운 과제, 재미있는 활동, 균형 있는 삶을 제공해줄 수 있는 고용주를 찾는다. 스웨덴 평균 급여는 덴마크, 노르웨이, 미국, 영국보다 적고 핀란드와 비슷하다. 스웨덴 소득세는 누진세이기 때문에 고소득층이 저소득층보다 더 많은 세금을 낸다. 세율은 32~57퍼센트 정도이다. 세금의 25퍼센트 정도는 공공 의료 및 교육에, 40퍼센트 정도는 사회 보장 제도 지원에 사용된다.

스웨덴에서 매력적인 고용주가 되기 위해서는 직원들에게 사내 오락거리를 제공하는 것도 포함된다. 직원들이 여름 파티, 크리스마스 행사, 국내외 콘퍼런스, 행사, 회식 등에 참여한다. 술을 먹는 경우 고용주는 첫 한두 잔을 사주고, 그다음부터는 개인이 각자 계산한다. 공공 부문의 고용주는 술을 마시는 회식에서 돈을 내주지 않는데, 국민들의 혈세가 회식에 들어가면 대중들이 눈살을 찌푸릴 수 있기 때문이다.

【 보상 및 표창 】

과거에 스웨덴 기업들은 개인에게 보상을 주거나 표창을 하는 대신에 팀 성과에 초점을 두었다. 오늘날 약간의 변화를 거쳐 고용주는 팀과 개인을 칭찬하는 데 균형을 찾으려고 한다. 하지만 다른 나라에서처럼 '이달의 직원'을 공개적으로 선정하는 것은 보기 드문 일이며, 커피 브레이크 또는 회의에서 비공식적으로 칭찬한다. 상여금은 당사자가 곤란해하거나 주변의 질투를 사지 않도록 개인적으로 전달된다.

편안한 회사 분위기

스웨덴 기업에서 가장 중요한 부분은 조직 문화가 수평적이라는 점이다. 편안한 복장을 입고, 의사 결정이 투명하며, 관리직으로 승진이 가능하고, 선배를 세례명으로 부를 정도로 서로 친한 것에서 잘 드러난다. 변호사, 은행 간부 등 소수의 전문직 종사자만 양복을 입고 대부분의 스웨덴 남자들은 일반적으로 청바지, 스웨터, 넥타이 없는 셔츠 차림으로 출근한다. 여성들은 청바지에 상의, 심플한 치마나 원피스를 입는다. 개인의 취향 그리고 업무 분야에 따라 스타일이 다를 수 있지만 보통 디자인, 패션, 광고업계 종사자가 유행에 가장 민감하다.

사무실은 대부분 탁 트인 공간이라서 대화가 형식적이지 않고 쉽게 이루어진다. 매니저도 다른 직원들과 함께 개방된 공간에 앉지만 개인 사무 공간이 있을 것이다.

【 실용적인 피카 】

'피카'라고 불리는 휴식 시간은 스웨덴 문화에서 가장 중요하며 업무 현장에까지 이어진다. 스웨덴 사람들은 근로법에 따라 오전과 오후에 한 번씩 15분 휴식 시간이 주어진다. 휴식 시간에 동료, 상사와 함께 어울리고 네트워킹 하는 기회를 의도적으로 제공하고자 함이다. 피카는 비공식적인 행사이지만 암묵적으로 모두가 참여해야 한다. 휴식 시간에 생일 파티를 하고 생일자가 나눠 먹을 케이크를 가져온다.

근무, 연락 가능 시간

주당 근무 시간은 월요일부터 금요일까지, 오전 8~9시부터 오후 5~6시까지이지만, 그밖의 시간에도 연락이 가능하다. 점심 시간은 30분이며 매일 두 번의 휴식 시간이 주어진다. 점심시간은 이르면 오전 11시에 시작하여 보통 오후 2시가 넘어서야 끝난다.

주당 근무 시간은 40시간이다. 예외적인 경우에만 야근이 요구되며 탄력 근무를 많이 한다. 대부분의 스웨덴 부모들이 아이들을 유치원에서 데리고 오기 위해 일찍 출근하고 일찍 퇴근하기 때문에, 3시부터 사무실이 텅 비기 시작한다. 대부분은 아이들을 재우고 밤늦게 재택근무로 근무 시간을 채운다.

아픈 경우 첫날은 급여를 받지 못하지만 근로법에 따라 2주 동안 고용주로부터 병가 중 급여를 받는다. 15일차에는 정부로부터 질병 수당을 받는다. 고용주는 8일차부터 의사의 진단서를 요구할 수 있다. 부모 중 한 명 또는 후견인이 아픈 아이를 돌보기 위해 집에 있어야 한다면 유급 휴가도 받을 수 있다. 이런 이유로 집에 머무르는 것을 스웨덴어로 '바빙'이라고 한다.

스웨덴에서는 서로에 대한 신뢰가 높은 덕분에 고용주들이 직원들의 재택근무를 허용한다. 2020년 3월 창궐한 코로나바이러스 팬데믹 기간에도 재택근무가 가능한 사람들은 집에서 일을 했고, 2021년에 들어서서는 대부분 출근하지 않았다. 노동 인구의 절반 가까이가 정기적으로 재택근무를 한다.

【휴가】

스웨덴 직장인들은 근로법에 따라 1년에 25일(5주)에 해당하는 유급 휴가를 받는다. 6월 하지부터 8월 둘째 주까지 연속으로 몇 주를 쉬는 사람들이 많다. 특정 전문직 종사자이거나 계약서에 달리 명시되어 있는 경우가 아니라면 대부분의 직장인들은 4주 연속으로 쉴 수 있는 법적 권리가 있다. 여름에는 회사가 보통 최소한의 인원으로 운영되며, 프로젝트, 마감일, 고객 서비스 등에 영향을 미칠 수 있다는 의미다. 해외 고객 또는 지사 직원들이 때로는 이해하지 못하는 부분이다.

노동조합

노동조합은 1880년 처음 시작되었고, 오늘날 스웨덴 직장인의 70퍼센트 정도가 노동조합에 가입되어 있다. 역사적으로 노동조합은 근로 조건 개선하는 데 큰 기여를 했다. 오늘날 노동조합들은 스웨덴 노동 시장에서의 임금 수준, 휴가, 연금 등 핵심사항을 규제한다. 조합에 가입한 사람들은 강력한 사회 안전망으로 분쟁으로부터 보호받으며 협상 테이블에서 대표자를 내세울 수 있으며 지원과 조언을 받을 수 있다. 어떤 노동조합이든 실업 연금 및 특별 소득 보장 보험을 가지고 있기 때문에 일자리를 잃었을 경우 소득을 보장받을 수 있다.

양성평등

스웨덴 여성의 66퍼센트, 남성의 70퍼센트 정도가 일을 하지만 여성의 30퍼센트는 시간제로 근무한다. 스웨덴 의회의 남녀 성비는 일대일이며, 절반 가까이가 여성 의원으로 구성되어 있다. 유럽연합 평균이 1/3인 것을 감안하면 높은 수치다.

카페에서 아침을 먹으며 재택근무를 하는 모습

재계의 높은 직급으로 올라가면 상황은 약간 다르다. 관리 임원 및 최고 경영자 중 여성의 비율은 16퍼센트에 불과하다. 대부분의 나라에서처럼 스웨덴도 성별 간 임금 격차 문제와 씨름하고 있는데, 같은 직급에서도 여성이 남성보다 평균 12퍼센트 적게 벌고 있기 때문이다. 양성평등과 관련하여 스웨덴 업무 현장에서는 큰 발전이 있었지만 아직 갈 길이 멀다.

근로 환경을 불문하고 성희롱 및 성적 학대 고발이 이어지면서 다른 나라에서처럼 2017년 스웨덴에도 미투 운동 바람이 거세게 불었다. 스웨덴 내 논란의 중심은 작가 한 명으로, 노벨문학상을 수여하는 수준 높은 기관인 스웨덴 학술원 위원인 아내를 뒀다. 해당 작가는 성폭행 및 성희롱 혐의로 18명의 여성들에게 고발을 당했다. 이 스캔들로 인해 스웨덴 학술원 위원 여러 명이 사직했고, 기관의 신뢰도가 훼손됐다.

관리직을 코치로

스웨덴 사람들이 평등·독립이라는 가치를 중요시하는 것을 생각해보면 스웨덴 특유의 관리직이 생겨났다는 것이 놀랍지 않다. 스웨덴 사람들은 관리직을 코치 또는 조력자라고 생각한다. 관리직은 권위주의적인 접근 방식을 취하기보다는 솔직함을 기반으로 한 양방향 소통을 주장한다. 스웨덴 관리직과 직원들은 실행에 옮길 수 있는 합의점을 찾기 위해 의사 결정을 함께하는 것을 선호한다. 그 과정에 모두가 참여하고 그들의 의견을 듣는 것을 중요하게 생각한다. 시간이 걸리고 빠른 결정과 신속한 이행을 원하는 사람들에게는 당황스러울 수도 있다. 관리직, 직원 그리고 조직 내에서 정보의 흐름이 원활한 편이며, 직원들은 관리직의 불필요하게 과도한 개입 없이도 과제를 완수해내는 책임감이 주어진다. 외국인의 눈에는 이런 방식의 관리직이 취약하거나 순종적이라고 보일 수 있지만, 대부분의 스웨덴 사람들은 민주적인 방식으로 업무에 동기 부여를 받고 삶과 일의 균형을 찾을 수 있다고 주장한다.

【 의견 일치 】

문화마다 의견이 일치한다는 개념이 다르게 정의된다. 영어권에서는 모두가 동의한다는 의미로 사용된다. 스웨덴 사람들에게 의견 일치는 모두가 자신의 의견을 표현할 기회가 주어지며, 논의가 공정한 방식으로 진행되며 모두가 결정을 수용할 수 있다는 의미다. 실제로 동의를 하지는 않지만 한 집단의 결정을 실행에 옮기는 데 동의할 수 있다. 너무 오래 끄는 미팅에서 볼 수 있는 특정 태도 또는 행동 양식을 이해하는 데 핵심이 된다.

팀워크

스웨덴에서 팀워크는 오래된 역사를 가지고 있다. 백지장도 맞들면 낫다는 뜻의 '엔삼 에르 인테 스타르크'는 일종의 주문으로 외워질 정도이다. 한 세기도 더 전 스웨덴이 대체로 농경 사회였을 때 혼자서는 장기간 생존하는 것이 불가능에 가까웠다. 농사와 추수 작업을 할 때 도움이 필요했기 때문이다. 오늘날 이것이 반영되어 청소 날에 동네 주민들이 모여 함께 공용 공간을 청소하거나 보트 클럽에서 각자의 보트를 바다에 띄우거나 바다에서 꺼낼 때 서로를 돕는다. 바이킹 시대에 가장 가혹한 처벌 방식은 사회로부터 추방되어 법에 의해 보호받지 못하는 프레들뢰스, 즉 무법자가 되는 것이었다. 오늘날 스웨덴 업무 현장에서는 모두를 참여시키고 그들의 목소리를 듣는 것을 매우 강조함으로써 그 누구도 소외되고 환영받지 못하는 일이 없고, 팀워크가 우선시되는 모습을 볼 수 있다.

스웨덴 교육 제도에서는 그룹 과제가 개인 성과보다 더 높이 평가된다. 스웨덴 사람들은 어렸을 때부터 문제를 해결하기 위해 협력하는 것을 배운다. 학교에서는 과제를 해결하고 그룹 차원의 해결책을 마련하는데, 학생들을 팀으로 구성된다. 잘하는 학생이 잘하지 못하는 학생을 돕도록 교육받는다.

스웨덴 기업들은 업무 현장에서 '터크만 및 애자일 모델 Tuckman and AGILE 모델' 같은 업무 효율 모델을 자주 활용한다. 팀의 역동성에 초점을 맞춘 스웨덴에서 가장 인기 있는 리더

십 교육훈련 프로그램은 "그룹과 리더 이해하기[UGL]이다. 이는 1980년대 스웨덴 국방 사과학교를 위해 개발된 것으로, 팀 역동성에 대한 수잔 휠란[Susan Wheelan]의 연구를 기반으로 한다. 오늘날 스웨덴에서 가장 많이 참여하는 리더십 개발 과정이다.

회의 일정 조율

전화 또는 이메일이 가장 좋은 연락 방법이다. 대부분의 사람들이 답변할 의무를 느끼지 못하기 때문에 답변을 받지 못한다고 해도 놀랄 필요는 없다. 연락 및 구직은 링크드인을 많이 사용한다. 취업 원서를 쓰는 경우 영어로 작성해도 된다. 이력서와 자기소개서[PR]를 함께 제출하고, 강점을 피력하면 좋지만 자랑하거나 부당한 요구를 해서는 안 된다.

【 시간 정확하게 이해하기 】

회의 일정을 조율하는 경우 스웨덴 기업들이 주수를 사용하여 시간을 정의한다는 것을 알아둬야 한다. 1월 1일은 1주 차이며 12월 31일은 52주 차이다. 시간의 구애를 받는 사업을 하는 경우 봄과 초여름에 있는 스웨덴 공휴일을 잘 알아둬야 한다. 6월 말(25주 차)부터 8월 초(37주 차)까지, 크리스마스 전주 (51주 차)부터 1월 13일(3주 차)까지의 축제 기간 동안은 그 어떤 계약도 성사시키기 어려울 수 있다.

시간을 표기할 때 스웨덴 사람들은 24시간제 시계를 사용 한다(예를 들어 오후 3시는 15시이다). 약속은 사전에 잡으며 시간 엄 수는 서로를 존중하는 것으로 매우 중요하게 생각된다. 대면 및 가상 회의에 모두 적용된다. 스웨덴 사람들의 일정이 빡빡 한 경우가 많기 때문에 회의를 제시간에 끝내는 것도 동일하 게 중요하다. 이러한 이유로 대부분의 경우 다음 회의 시작 전 휴식을 가질 수 있도록 회의 시간은 50분으로 예정되어 있다. 회의를 마무리할 때, 행동 방침을 요약하고 사후에 이메일로 확정 짓는 것을 기억해야 한다.

발표하기

스웨덴 사람들의 발표는 보통 효율적이며 사실을 기반으로 한 다. 기술적인 발표는 구체적이고 복잡해서 시간이 많이 들지만, 스웨덴 사람들은 구체적인 정도 및 발표 길이와 상관없이 바로 본론으로 들어가는 것을 선호한다.

스웨덴 관중은 발표를 경청하는 편이다. 발표에 열심히 귀를 기울이고 발표자의 말을 끊지 않는다. 질문은 발표가 끝나거나 발표자가 관중을 끌어내는 경우에 한다. 관중은 발표에 적극적으로 개입하지 않는다. 조용한 몸짓에 무표정으로 흥미를 느끼지 않는다거나 이해를 하지 못하는 것으로 보일 수 있어서 외국인 발표자를 불안하게 할 수도 있다.

스웨덴 사람들은 논쟁을 좋아하며 조작이 의심되는 판매술을 좋아하지 않는다. 분위기를 풀기 위한 유머는 좋지만 문화적인 관점에서 위험할 수 있다. 예를 들면 스웨덴에서는 자기 비하 유머가 전문적이지 않으며 진지하지 않은 것으로 인식될 수 있다. 스웨덴 관중은 대체로 시각 자료를 좋아하기 때문에 유익한 슬라이드를 준비하는 것도 좋은 방법이다.

협상

회의 및 협상은 대체로 체계적이며 시간에 민감한 편이다. 의제는 보통 사전에 전달된다. 스웨덴에서 수다는 차가운 대화라는 불리며 사람들이 일을 본격적으로 시작하기 전에 잠깐 동안만 이루어진다. 스웨덴 사람들은 협상을 경쟁보다는 공동으로 문제를 해결하는 과정이라고 생각한다. 승패를 가리기보다 모두에게 유리한 결과를 목표로 한다는 의미다. 협상 중에는 감정을 거의 표현하지 않고 주장은 근거가 뒷받침되어야 가장 설득력 있다. 노골적인 대립 또는 갈등보다는 차분하고 친근하며 집요하기를 강력하게 권고한다. 스웨덴에서 협상하는 방식은 직설적이지만 공격적이지 않으며 솔직한 편이다. 거짓말을 하거나, 잘못된 정보를 제공하거나, 압박하는 등의 악의적인 전략을 사용하는 협상가들을 싫어한다.

스웨덴의 협상가들은 정보 공유가 서로에게 신뢰를 쌓을 수 있는 방법이라고 생각하지만, 그렇다고 모든 정보를 선뜻 공개하지는 않을 것이다. 공격적으로 구입을 권유하거나, 흥정하는 것을 대체로 싫어한다. 스웨덴 사람들은 '애초에 적당한' 제시 가격으로 시작하기 때문에, 가격이 그 선에서 벗어날 것이라 생각하지 않는다. 스웨덴 기업이 초반부터 변호사를 동반하고 오는 것은 이례적이며 부적절한데, 이는 상대방에 대한 불신을 의미하기 때문이다.

협상 뒤에는 감사의 인사와 함께 협상 내용, 다음 절차를 요약하여 이메일로 전달하는 것이 관례이다.

계약

스웨덴에서 구두 계약은 사후에 서류로 작성되지만 그 자체로 법적 효력이 있다. 스웨덴 민법 중에서도 매입법 및 계약법은 발생 가능한 대부분의 상황을 다루고 있으며 관습법에 따른 계약보다 더 구체적이거나 길지 않다. 서면 계약은 보통 구체적인 사안 및 조건을 포함하며 서명하기 전에 현지 법률 전문가와 상담하는 것을 추천한다.

스웨덴 계약들은 거의 대부분 믿을 만하다. 서비스 제공자 간 또는 서비스 제공자와 소비자 간 갈등 관련 재판은 지방 법원에서 열린다. 계약서에 달리 명시되어 있는 경우를 제외하고 소환장은 피상고인이 거주하는 지역의 지방 법원에 제출한다.

의견 충돌 관리

스웨덴 사람들은 합의점을 모색하는 경향이 있으며 화합을 이루는 것을 중요하게 생각하기 때문에, 대부분 솔직하고 친절하며 예의 바르다. 만에 하나 갈등이 발생한다면 사실을 기반으로 한 명확한 언어, 적대감 또는 어떠한 감정도 담기지 않은 언어로 대화를 이어나갈 것이다. 스웨덴 사람들은 업무 현장에서 부정적인 감정을 표출하는 것을 적절하지 않으며 성숙하지 못한 것으로 생각한다. 이렇듯 표현력의 부족으로 인해 외

• 갈등에 대한 두려움 •

스웨덴 사람들에 대한 정형화된 견해는 갈등을 두려워한다는 것인데, 일부는 정말 그러하다. 스웨덴 사람들은 다른 나라 사람들과 비교해 싸움을 걸거나 낯선 이에게 핀잔을 주는 경향이 덜 할 것이다. 그러나 화합을 우선시하며, 합의점을 모색하고, 포용과 상의에 초점을 두는 나라에서 왜 갈등을 찾아보기 어려운지 쉽게 알 수 있다. 스웨덴 사람들은 대립하는 것보다, 서로의 의견에 대해 동의하고 타협하려 한다.

국인들은 스웨덴 사람들이 냉정하고, 차갑거나 더 나아가서는 무례하다고도 느낄 수 있다. 공공연하게 표현하지 않는다고 감정이 없는 것은 아니니 안심해도 된다.

스웨덴에서 일하기

유럽연합 지역 출신이라면 취업 허가증 없이도 스웨덴에서 일할 수 있다. 그렇지 않다면 스웨덴 이민국을 통해 취업 허가증을 신청해야 한다. 허가증을 받았다면 스웨덴 내 주민등록 번호를 받기 위해 국세청에 등록해야 한다. 스웨덴 시스템에 접속할 때 꼭 필요하다.

직원들은 모두 근로계약서를 작성한다. 계약을 종료하는 경우 양 당사자 모두 1~3개월 전에 그 사실을 통지해야 한다. 대부분은 6개월의 수습 기간을 거치며 그 기간에는 언제든 계약 종료가 가능하다. 6개월 후 안정적인 정규직 형태로 전환된다. 회사가 직원을 해고해야 한다면 가장 마지막으로 입사한 사람이 퇴사하는 원칙이 대부분 적용되지만, 일부 예외적인 경우도 있다.

프로젝트 단위 및 기간제, 육아휴직 또는 장기질병 직원을 대체하는 등의 상대적으로 안정성이 덜한 형태의 고용도 존재한다. 구체적인 고용 형태 및 직원으로써의 권리에 대한 자세한 사항은 사이트(www.arbetsformedlingen.se)를 참고하라.

사업 시작

스웨덴 내 특정 사업은 운영허가서를 필요로 한다. 자세한 사항은 사이트(www.verksamt.se)를 참고하라.

개인으로 사업을 운영하고 싶다면 기업번호가 개인번호와 같을 것이다. 사업을 시작하려면 사업세를 신청하여 한 회사의 직원이 아닌 개인사업자라고 선언해야 한다. 자세한 사항은 스웨덴 국세청 사이트(www.skatteverket.se)를 참고하라.

유럽연합 및 유럽경제지역 출신이라면 스웨덴 이민국에 등록하지 않고도 체류할 수 있으며 개인 주민등록번호를 신청할 수 있다. 그 외 지역 및 스위스 출신이 사업을 시작하려고 하면 스웨덴에 오기 전 체류 허가부터 받아야 한다.

사업 시작 지원을 받기 위해서는 사이트(www.businesssweden.

com, www.vinnova.se)를 참고하라. 스웨덴에서 사업을 시작하거나 운영하는 경우 자세한 사항은 www.workinginsweden.se 를 참고하라.

【 사업비용 】

대부분의 기업이 부담해야 하는 비용 중 가장 큰 비용은 부지 및 인력에 든다. 기업들은 직원들의 월급 외에도 고용세라는 것을 내는데, 2021년 기준 총급여의 31.42퍼센트에 달했다. 이렇듯 직원 고용에 다소 큰 비용이 들기 때문에 정당 사이에서 계속 논의되는 부분이기도 하다. 수익에 대한 법인세도 2021년 기준 20.6퍼센트로 세계에서 높은 편이다.

사업 여흥

스웨덴에서 손님이나 사업 파트너와 밖에서 식사를 하는 것은 흔하지만, 집에 초대하는 일은 드물다. 점심에는 술을 마시기 꺼려 하지만, 저녁에는 적당히 마시는 편이다. 크리스마스가 다가오면 축제의 기간을 기념하기 위해 크리스마스 뷔페에 손님들을 초대하는 것이 인기다. 하지만 일부 기업들의 반부패 정책이 엄격하고 직원들이 공급업체의 점심 또는 저녁 식사 초대에 응하는 것을 허용하지 않는다. 이러한 정책은 선물 받는 것까지 이어지는데, 아무리 작아도 선물을 받아서는 안 된다.

09

의사소통

스웨덴 교육 제도, 언론, 인터넷 덕분에 스웨덴 사람들의 영어 구사력은 높은 편이다. 스웨덴에 재미있는 영어 '스웽글리시(스벵엘스카)'가 생겼는데, 스웨덴어와 영어가 재밌게 섞여 대화 안에서 조화를 이룬다. 스웨덴어는 영어에 비해 어휘가 적다 보니 스웨덴 사람이 영어로 말할 때 직역한 듯 무뚝뚝하게 들릴 수 있다. 이런 상황을 마주하게 된다면 기분 나빠하지 말고 스웨덴 사람들의 직접적이고 효율적인 대화 방식이라고 이해하면 된다.

언어

스웨덴어는 인도·유럽 어족으로 게르만계다. 스웨덴 사람들이 구어체 덴마크어를 가장 알아듣기 힘들어 하지만 노르웨이, 덴마크, 스웨덴 사람들은 대부분 서로의 언어를 이해한다.

1809년까지 핀란드는 스웨덴의 일부였다. 그래서 아직도 스웨덴어가 핀란드 국어로 간주되며, 중등학교 6학년부터 9학년까지 4년 동안 핀란드 학생들에게는 필수 과목이다. 모국어가 핀란드어인 핀란드 인구의 90퍼센트 정도가 이를 "강요된 스웨덴어", 일종의 문화식민주의라며 강하게 반대한다. 핀란드 인구의 5퍼센트 정도가 스웨덴어를 모국어로 생각한다.

스웨덴 교육 제도, 언론, 인터넷 덕분에 스웨덴 사람들의 영어 구사력은 높은 편이다. 스웨덴에 재미있는 영어 '스웽글리시(스벵엘스카)'가 생겼는데, 스웨덴어와 영어가 재밌게 섞여 대화 안에서 조화를 이룬다.

스웨덴어는 영어에 비해 어휘가 적다 보니 스웨덴 사람이 영어로 말할 때 직역한 듯 무뚝뚝하게 들릴 수 있다. 이런 상황을 마주하게 된다면 기분 나빠하지 말고 스웨덴 사람들의 직접적이고 효율적인 대화 방식이라고 이해하면 된다.

소통 방식

스웨덴어는 영어에 비해 간결하며 단도직입적이다. 영어는 완곡어법과 맥락상 추론을 많이 사용하는 반면 스웨덴어의 의미는 단어 자체에 담겨 있다. 스웨덴어는 말한 그대로를 의미하며 행간의 의미를 파악할 필요가 거의 없다. 예를 들면 스웨덴 사람이 "최선을 다하겠습니다"라고 말한다면 대체로 그 말 그대로를 의미한다. 최선을 다하기 위해 무엇이든지 할 것이다. 반면에 영어권 사람이 같은 말을 한다면 시간이 난다면 최선을 다해보겠다는 의미가 될 수 있다. 자신의 발언이 명예와 진

실성을 나타내기 때문에 스웨덴 사람들은 그들이 실제로 뜻한 바를 말한다. 스웨덴의 직접적인 소통 방식에 한 가지 예외가 있다면 갈등이 발생하는 경우다. 스웨덴 사람들은 화합을 유지하기 위해 갈등 상황에서 맥락에 의존한 간접적인 방식으로 소통하는 경향이 있다.

【자기소개】

스웨덴 사람이 당신을 다른 사람에게 소개해 주지 않는다고 해서 기분 나빠할 것 없다. 자기소개는 악수를 청하고 눈을 바라보며 자신의 이름을 말하는 것으로 자기 자신이 해야 하는 것이다. 편안한 상황에서는 성을 빼고 이름만 말해도 충분하다. 사내 회의에서는 모두가 자기소개를 시작하고 시작하는 것이 일반적이다.

유머 감각

스웨덴 사람들이 냉정하고 진지하다는 고정관념을 생각해보면, 그들이 유머 감각으로 알려지지 않은 것이 어쩌면 당연한 일이다. 사실 스웨덴 사람들은 친해지고 나면 굉장히 재밌다.

스웨덴식 유머는 절제된 유머와 몸 개그 두 가지로 나뉜다. 절제된 유머는 천연덕스럽고 역설적이며 음울한데, 다른 문화권의 사람들이 쉽게 이해하지 못하는 경우도 있다. 스웨덴 사람들에게는 웃긴 것이 외국인에게는 완전히 혼란스럽고 이해가 되지 않을 수 있다. 스웨덴 사람들은 어색한 유머를 좋아하는데, 스웨덴 드라마 「썬샤인 패밀리」, 영국 드라마 「더 오피스」가 인기다.

반면에 익살스러운 목소리, 우스꽝스러운 걸음걸이, 걸려 넘어지고 남녀가 옷을 바꿔 입는 등의 대중적인 몸 개그가 있다. 이런 오락거리는 극장에서 인기이며 스웨덴 코미디언 로베르트 구스타브손이 아주 좋은 예이다. 다른 유머로는 말장난이 있는데 특히 스웨덴 서해안 지역에서 인기다. 이 지역과 관련되어 '예테보리 말장난'이라고도 불린다. 이런 말장난을 들으면 웃으면서 고통스러운 신음을 낼 것이다.

「사인필드」「프렌즈」「앱솔루틀리 패벌러스」 등의 고전이 자주 언급되는 등 미국, 영국 코미디 쇼가 굉장히 인기다.

스웨덴 재계의 사람들은 대부분 친절하지만 관계 형성 및 문제 해결을 위해 농담을 하지는 않을 것이다. 영국인과 미국

인에게는 쌀쌀하고 냉담하게 느껴질 수도 있지만, 의도적인 것
이 아니라 스웨덴에서 일반적이지 않을 뿐이다.

침묵

관광객들이 볼 때 스웨덴 사람들은 그렇게 수다스럽지 않을
것이다. 사람마다 다르긴 하지만 어떤 사람들은 굉장히 수다스
러운 반면 어떤 사람들은 나서지 않는 것을 선호한다. 하지만
대부분의 스웨덴 사람들은 서로 번갈아가며 대화를 하는 것
이 예의인데, 상대방이 말을 할 때 끼어들기보다는 말이 끝날
때까지 기다린다. 더 역동적인 대화 방식과 방해받는 것에 익
숙하다면 침묵이 길다고 느낄 수도 있고, 부자연스럽거나 어색

하다고 느낄 수 있다. 이것을 견뎌내는 방법은 불필요하고 의미 없는 말로 침묵을 깨기보다는 침묵을 받아들이는 것이다.

이는 얀테의 법칙이 남기고 간 것으로, 스웨덴 사람들은 사소한 수다가 자연스럽지 않고 오히려 불편하다고 느낀다. 최근 사람들 사이에서 구조적인 맥락에서 가벼운 대화 기술을 연습하도록 하는 조직적인 네트워킹 행사가 유행이다. 스웨덴 사람과 가벼운 대화를 하는 경우 사적인 질문을 너무 많이 하는 것은 부적절하거나 캐묻는 것으로 간주되어 하지 않는 것이 좋다. 그 대신 자연스럽게 대화를 이어가면 된다. 현재 날씨, 지역, 스웨덴에 대한 일반적인 질문이 안전하고 쉬운 대화 주제다.

비언어적 소통

스웨덴식 소통에서 눈을 마주치는 것은 중요한 부분이다. 대부분의 사람들은 말을 하거나 들을 때 눈을 오랫동안 똑바로 쳐다보는 것을 선호하는데, 익숙하지 않다면 불편하다고 느낄 수 있다. 보디랭귀지의 경우 스웨덴 사람들은 대체로 다른 사람들보다 표현력이 덜하며 큰 몸짓이나 움직임보다는 단어 자체에 의존한다. 이렇게 내성적인 소통 방식은 외국인들이 스웨덴 사람들을 둔감하거나 쌀쌀맞다고 생각하는 등 오해를 불러일으킬 수 있다. 스웨덴 사람들은 말할 때 목소리를 낮추거나 중간 정도로 유지하며, 업무 현장에서 소리를 지르거나 큰 소리로 말하는 것은 성숙하지 않으며 전문성이 떨어지는 것으로 간주된다. 스웨덴 사람들이 들을 때는 고개를 끄덕이면서 '음'이라고 말한다. 듣고 있다는 의미이지만 상대방의 말에 전적으로 동의한다는 의미는 아니다.

언론

언론의 자유는 법에 의해 보호되며 어떠한 형태의 매체도 검열의 대상이 되지 않는다. 하지만 아동 포르노 및 명예 훼손은 제한이 된다. 스웨덴 법은 인종, 피부색, 국적 및 민족, 성적 지향, 종교와 관련하여 인종 및 기타 집단에 대한 혐오 발언을 금지한다.

　1991년 스웨덴 의회는 헌법에 표현의 자유에 관한 기본법을 추가했다. 라디오, 텔레비전, 영화, 인터넷도 어느 정도까지 포함되는 시청각 매체에서 소수 민족에 대한 폭력 선동을 금지하는 것이다.

【 공영 방송 】

1956년부터 스웨덴에는 SVT라고 불리는 국영 텔레비전 및 라디오 방송사가 있었다. 모든 납세자는 소득 신고에서 공제되는 수신료를 낸다. 2020년 최고 연간 수신료는 1,347SEK에 달했다. 그 대가로 SVT는 두 개의 주요 채널 외에도 교육 채널, 뉴스 채널, 어린이 채널, SVT 플레이라는 스트리밍 사이트를 제공한다. 공익 라디오 채널도 여럿 있다.

【 상업적 채널 】

스웨덴은 1999년 4월 세계 최초로 디지털 지상파 채널을 개시했고, 그로 인해 텔레비전 채널 개수가 늘어났다. TV4는 상업적 채널 중 규모가 가장 크고 인기가 가장 많다. 넷플릭스, HBO, 아마존프라임, C-More, 유튜브 등의 스트리밍 서비스들이 지상파 방송과 경쟁한다.

스웨덴에서는 모든 간행물이 디지털 형태로 제공된다. 「다겐스 뉘헤테르」, 「스벤스카 다그블라데트」, 그리고 「아프톤블라데트」, 「엑스프레센」 등의 타블로이드판은 아직 종이 형태로 구매할 수 있다. 「헨텍스트라」, 「스벤스크담티드닝」 등 인기 잡지도 아직 종이 형태로 구매할 수 있다. 크로스워드 퍼즐 잡지도 흔히 볼 수 있다. 온라인 구독 서비스 사이트 www.readly.se 에서는 영어, 스웨덴어 인기 잡지들을 한 플랫폼에서 즐길 수 있다.

2011년부터 2018년까지 스웨덴은 국가 공식 트위터 계정 @sweden을 개인에게 넘겨주어, 새로운 사람이 매주 @sweden 계정으로 트윗을 올릴 수 있도록 했다. 스웨덴의 다양성 및 언론의 자유를 잘 보여주기 위함이다.

전화

스웨덴에서 유선 전화 사용자는 인구의 1퍼센트에 불과하다. 전화는 핸드폰으로 하며 전체 가구의 98퍼센트가 고속 데이터 통신망을 사용한다. 공중전화는 2015년에 마지막으로 철

거되어 더 이상 스웨덴에서 찾아볼 수 없다. 스웨덴 국가 번호는 46이며, 그 뒤에 지역번호와 전화번호가 따라온다. 스웨덴에서 국제전화를 거는 경우, 해당 국가 번호를 누르기 전 00을 눌러야 한다. 의료 응급 상황을 위한 112 수신자 부담 번호는 경찰, 소방, 구급차 등에 모두 해당되며 전화 교환원은 영어를 할 줄 안다.

전화번호 및 주소를 찾으려면 www.hitta.se, www.eniro.se 등의 사이트가 유용하다. 인근 편의시설 검색 엔진으로는 www.yelp.com, www.google.se 등이 있다.

스웨덴의 고속 데이터 통신망 및 와이파이 덕분에 스카이프, 페이스타임, 왓츠앱 등의 무료 인터넷 전화 서비스 연결 상태가 굉장히 좋은 편이다. 스웨덴 사람에게 전화를 거는 경우, 상대방은 자신의 이름 또는 '헤이Hej'라고 말하며 전화를 받을

주요 지역번호	
스톡홀름	(0) 8
예테보리	(0) 31
말뫼	(0) 40
웁살라	(0) 18

것이다. 전화를 끊을 때는 '헤이' 또는 '헤이 도' 또는 활기차게 '헤이, 헤이'라고 말할 것이다. 오후 10시 이후에는 전화를 하지 않는 것이 좋다.

인터넷

대부분의 카페는 무료 와이파이를 제공한다. 커피를 주문할 때 카운터에 암호를 물어보면 된다. 공항, 역사, 광장, 도서관 등 공공 와이파이 핫스팟도 많다.

【 온라인 세대 】

스웨덴 인구 대부분의 인터넷 접속이 가능하다는 점을 생각해 보면 스마트폰이 생활 방식을 바꿨다고 해도 과언이 아니다. 친구 및 연인과의 만남, 쇼핑, 오락, 의료 서비스 모두 디지털 기기를 통해 이용할 수 있다. 하지만 공식 통계치에 따르면 스웨덴 인구의 10퍼센트 정도가 한 번도 인터넷을 사용해보지 못했거나 그것에 가깝다고 응답했다. 해당 응답자들은 유럽 외 지역 출신으로 저소득 고령층에 속했다. 스웨덴 사람들

대부분이 매 순간 디지털 유연성 및 편리성을 누리고 있기 때문에 10퍼센트에 해당하는 응답자 그룹은 점점 더 소외되고 있다. 젊은 세대에게 스마트 기기는 당연하고도 자연스러운 것이다.

스웨덴에서 디지털화의 영향으로 공공정보와 개인정보 간 경계가 허물어진 것을 예로 들 수 있다. 과거에는 두 영역 간 경계가 명확했다. 젊은 세대는 소셜미디어에서 굉장히 개방적이고 개인정보를 드러내는데, 기성세대가 좋게만 생각하는 부분은 아니다.

우편

스웨덴 우편체계는 포스트노르드에서 운영하며 다소 분산적이다. 편지 우표 및 봉투는 포스트노르드 우체국, 식료품점, 체인 편의점 프레스뷔론과 세븐일레븐에서 구매할 수 있다. 우편요금 정보는 www.postnord.se 에서 확인할 수 있다.

편지나 엽서를 보낼 때, 노란 우체통에 집어넣으면 된다. 큰 우편물을 보내는 경우 포스트노르드 우체국에 가야 한다. 우편 서비스를 제공하는 동네 슈퍼, 편의점, 주유소 외 유사 상점도 있다. 온라인으로 무언가를 주문한 경우 택배 수거함으로 배송되도록 할 수 있다. 배송이 완료되면 이메일 또는 문자를 통해 배달 알림을 받게 된다. 알림 및 신분증명서를 가지고 수거함에 가면 된다. 당사자를 대리하여 택배를 수거하는 경우 당사자의 신분증명서를 제시해야 한다.

결론

스웨덴 사람들은 옛것을 보존하고 새로운 것을 받아들이는 것의 균형을 잘 유지한다. 예의, 평등, 연대, 높은 삶의 질이 있는 곳으로 세계에서 가장 혁신적인 사회가 되기 위해 노력한다. 물론 아직도 진행 중이지만 외부인의 시각에서 그들이 이룩해낸 발전은 인정받을 만하다. 아직도 해결해나가야 하는 과제들이 있지만 스웨덴 사람들은 오랫동안 간직해온 솔직함, 진실성, 상호 신뢰 등의 가치를 바탕으로 눈앞에 닥쳐오는 그 어떤 것도 잘 해결해나갈 위치에 서 있다.

　스웨덴 사람들은 환경과 뛰어난 조화를 이루며 살고, 스웨덴은 깨끗한 도시와 숨이 막힐 정도로 아름다운 자연의 아름다움이 환상적으로 섞인 곳이다. 관광객에게는 북극의 산지, 빽빽한 숲, 아름다운 호수와 수로 등의 극적이고 다양한 풍경이 마법같이 느껴질 수 있다. 스웨덴 도시들은 역사, 전통을 인기 있는 레스토랑, 쇼핑센터, 활기찬 밤의 유흥 등의 현대적인 도시 경험이 어우러져 있는 곳이다. 어떤 곳으로 향하든 아름답고 문명화된 북쪽 나라, 그리고 친절하고 교양 있으며 외향적인 스웨덴 사람들에게 반하게 될 것이다.

참고문헌

Anderson, Bengt. *Swedishness.* Stockholm: Positiva Sverige, 1993, 1995/ Sandberg Trygg, 2000.

Åsbrink, Elisabeth. *Made in Sweden—25 ideas that created a country.* London: Faber and Faber, 2019.

Booth, Michael. *The Almost Nearly Perfect People.* London: Jonathan Cape, 2014.

Bourelle, Julien S. *The Swedes, a happy culture of Scandinavia.* Drammen: Mondå, 2018.

Britton, Claes. *Sweden and the Swedes.* Stockholm: The Swedish Institute, 2001.

Brown, Andrew. *Fishing in Utopia: Sweden and the future that disappeared.* London: Granta Books, 2009.

Downman, Lorna, Paul Britten Austin and Anthony Baird. *Round the Swedish Year: Daily Life And Festivals Through Four Seasons.* Stockholm: Bokförlaget Fabel, 1972 (digitized 2009).

Dunne, Linnea. *Lagom: The Swedish Art of Balanced Living.* London: Octopus, 2017.

Hadenius, Stig. *Swedish Politics During the 20ᵗʰ Century.* Stockholm: The Swedish Institute, 1999.

Magnusson, Margareta. *The Gentle Art of Swedish Death Cleaning.* New York: Scribner, 2018.

Moon, Colin. *Sweden: The Secret Files. What They'd Rather Keep to Themselves.* Uppsala, Sweden: Today Press AB/Colin Moon Communications AB, 2002.

Robinowitz, Christina Johansson and Lisa Werner Carr. *Modern-Day Vikings. A Practical Guide to Interacting with the Swedes.* Boston and London: Intercultural Press, 2001.

Rossel, Sven H. and Bo Elbrond-Bek (eds.) (transl. David W. Colbert). *Christmas in Scandinavia.* Lincoln, Nebraska, and London: University of Nebraska, 1999.

Sandell, Kaj. *Eyewitness Travel Guides Stockholm.* London: Dorling Kindersley Ltd., 2001.

Swahn, Jan-Öjvind (transl. Roger Tanner). *Maypoles, Crayfish and Lucia: Swedish Holidays and Traditions.* Värnamo, Sweden: The Swedish Institute, 1997.

지은이

닐 시플리

닐 시플리는 영국 더럼 카운티에서 다문화 트레이너로 활동 중이다. 콜체스터에 있는 에식스 대학교에서 문학 학사, 오스트리아 도나우 대학교에서 문화 간 역량 석사 학위를 받았다. 1994년에 스웨덴에 가게 되었는데, 시골의 아름다움, 도시의 시원함, 사람들의 가치에 매혹되어 1년 동안 머물렀다. 현재 닐은 스웨덴 사회에 확고하게 뿌리를 두고 있으며, 스웨덴 문화에 대한 전문가다. 50개 이상의 국가에서 강의했으며 스웨덴 정부뿐만 아니라 많은 국제기구와 협력해 스웨덴 문화와 사회에 대한 강의 및 세미나를 열고 있다. 2013년부터 "Watching Swedes"라는 블로그에서 스웨덴 생활에 대한 자신의 관점을 공유하고 있다. 스웨덴에서 보낸 수년 동안 닐은 수많은 변화를 목격했지만, 변함없는 건 북부의 이 멋진 나라에 대한 그의 애정이다.

옮긴이

정혜영

중앙대학교 영어영문학과 졸업하였으며, 현재 한국외대 통번역대학원 재학 중이며 엔터스코리아에서 전문 번역가로 활동하고 있다. 옮긴 책으로는 『세계 문화 여행_핀란드』가 있다.

세계 문화 여행 시리즈

세계의 풍습과 문화가 궁금한
이들을 위한 **필수 안내서**